BAYERN

BAYERN

deutsch
english
français
italiano

Südwest Verlag

Schutzumschlaggestaltung:
Bernd und Christel Kaselow, München,
unter Verwendung von Photos
von Raimund Kutter

Mit 87 Farbaufnahmen von Raimund Kutter

Einführung von Benno Hubensteiner

Übersetzung ins Englische:
Patricia Goehl
Übersetzung ins Französische:
Dominique Kirmer
Übersetzung ins Italienische:
Manfred Pichler

ISBN 3-517-01345-5

Reproduktionen: Repro 12, Wien
Satz: Hesz Satz Repro, München
Druck: Wenschow-Franzis GmbH, München
Bindearbeit: R. Oldenbourg GmbH, München

BILDVERZEICHNIS

deutsch – english – francais – italiano

BAYERN

Benno Hubensteiner

Für einen, der von außen kommt, ist Bayern zunächst ein farbiges Stück alpenländischer Folklore. Überall grüne Plüschhüte, Sepplhosen und Blaskapellen; die Dirndl mit wehenden Röcken und strammen Mieder; nichts als Bieranzapfen, Jodeln, Schuhplatteln, Kammerfensterln-Gehen und Wirtshaus-Raufen. Motto: »Mir samma dö lustinga Holzhackersbuam . . .«
Bei näherem Zusehen merkt man freilich, daß dieses Bild höchstens zum bayerischen Oberland paßt. Und auch dazu nur sehr bedingt. Daß es, genaugenommen, ein Klischee ist, aufgesetzt für den Fremdenverkehr, das Bauerntheater und die Fernsehleute. Dieses Bayern ist nämlich im Kern ein alter, gewachsener Staat, einer der ältesten in Europa, und ausgerechnet eine liberalsoziale Regierungskoalition hat vor fast dreißig Jahren an allen Grenzübergängen das eigensinnige Wappenschild »Freistaat Bayern« aufstellen lassen. Hat es grad extra neben den alt-neuen Bundesadler hingerückt.
Ein Blick auf die Staatenkarte Mitteleuropas zeigt, daß dieses Bayern etwa genau so groß ist wie das heutige Österreich und fast doppelt so groß wie die Schweizer Eidgenossenschaft. Und die Karte der Bundesrepublik Deutschland weist diesem Freistaat Bayern immerhin unseren ganzen Südosten zu. – Bayern als einem der wenigen Länder, das schon immer dagewesen ist und nicht erst aus der Besatzungsretorte von 1945 gekommen ist. Ein geschlossener, in sich gerundeter Landblock also, von der Iller bis zu Inn und Salzach, vom Spessart bis zum Karwendel: versteckt im Schatten der Alpenwand, gesichert durch die böhmischen Wälder, gedeckt durch das Gewinkel der deutschen Mittelgebirge. Schwerlinie aber ist die Donau. Sie sammelt die Wasser vom Fichtelgebirge bis zur Silvaplana, gleitet in leichten, kaum merklichen Übergängen ins Österreichische hinüber, hat schon den Nibelungen den Weg gewiesen. Der Main im Norden kommt nicht ganz auf gegen soviel

breitströmende Kraft. Die Donau schickt ihm ihre Nebenflüsse weit hinauf entgegen, läßt es nur ungern zu, daß ihrer bestimmenden West-Ost-Achse in Nordbayern eine Ost-West-Achse entspricht, die das Land mit dem Rhein verklammert und der Nordsee statt mit dem Balkan und dem Schwarzen Meer.
Nun, am Main siedeln Franken. An der oberen Donau Schwaben. Eigentliche Bayern haben wir nur in jenen drei Regierungsbezirken, die man gemeinhin als Altbayern zu bezeichnen pflegt: nämlich in Oberbayern, in Niederbayern und in der Oberpfalz. Wie die Deutschen ein Volk von Stämmen sind, so sind es auch die Staatsbayern von heute. Und auch der bayerische Staat hat seine inneren Bruchlinien und Verwerfungen, ist erst in einer langen Geschichte zu dem erwachsen, was er heute ist. Das ist keine Schande und wertet nicht ab. Kein europäischer Staat hat vor tausend Jahren so ausgeschaut, wie er sich heute auf der Karte präsentiert.

Die Baiern

Klar ist eines: daß der Historiker seinen Grundriß mit den Altbayern beginnen muß, denn sie haben dem ganzen Staat den Namen gegeben und das Bleiben durch die Zeiten. Statt »Altbayern« kann man auch »Baiern« sagen und mit dem einfachen Ai ausdrücken, daß man den Stamm meint. Eben die »Baiwari« oder »Baiowarii«, die wir um die Mitte des 6. Jh. zum erstenmal quellenmäßig fassen können, und zwar in einem Kernraum, der von der oberösterreichischen Enns bis zum Lech reicht, von der Donau bis zum Alpensaum. In weiteren Stößen geht dann die Siedlung hinein in das Land im Gebirg, das später einmal »Tirol« heißen wird, oder hinauf in den Nordgau, die nachmalige »Oberpfalz«. Jedenfalls, der engere Stammesraum prägt sich in den historischen

Atlanten als ein ungefüges Fünfeck aus, das hier eingebeult wird, dort ausgebogen, aber in der deutschen Geschichte doch so etwas wie eine konstante Größe bleibt. Denn die eigentliche Tat des alten Baiern zwischen Herzog Tassilo und den Kaisern des hohen Mittelalters: das Aufschließen des heutigen Österreich bis in die fernsten Alpentäler hinein – vom Staat her gesehen bleibt es eine Episode. Das Neusiedelland zeigt nämlich von Anfang an eine starke Tendenz zur Selbständigkeit, die 976 mit der Loslösung Karantaniens erstmals da ist, 1156 mit der Erhebung der Donaumark zum eigenen Herzogtum vollends durchschlägt.

Trotzdem bleibt immer noch die Frage, wo denn die »Baiwari« des 6. Jh. eigentlich hergekommen sind. Wahrscheinlich aus dem Osten, aus dem sagenhaften Lande »Baia«. Genau wissen wir es nicht. Auch nicht, ob sie in Schüben eingewandert sind oder im Fluß eines Jahrhunderts eingesickert. Vielleicht sind sie überhaupt erst zwischen Donau und Alpen aus den verschiedensten Völkersplittern zu einem Stamm zusammengewachsen. Aber Germanen waren sie auf jeden Fall. Und Bauern, gutmütig, jähzornig, sinnenfroh, aufwenderisch und abergläubisch wie noch heute. Neben den Niedersachsen haben sie das geschlossenste und das trotzigste Stammesherzogtum im fränkischdeutschen Reich ausgebildet und unter Tassilo III. im 8. Jh. und unter Arnulf dem Bösen im 10. Jh. die volle Unabhängigkeit fast erreicht. Auf das Reich aber sind sie erst dann mit beiden Händen zugeschritten, als einer der Ihren Kaiser wurde: 1002 Heinrich II., der Heilige, aus der »bairischen Linie« des ottonischen Hauses – vorher als Herzog Heinrich IV. Kaiser Heinrich ist nicht zufällig der Gründer des Reichsbistums Bamberg: zwar im Mainland gelegen und aus den älteren Sprengeln von Würzburg und Eichstätt herausgeschnitten, dotiert er es mit einer Fülle von Gütern an Donau, Isar und Inn.

Schwaben und Franken

Von Altbayern aus betrachtet sind also Schwaben und Franken zunächst ein Draußen. Die Schwaben sind dem großen Stamm der Alemannen gleichzusetzen, der um 260 nach Christus endgültig den römischen Limes durchbricht und bis zum Bodensee drängt. Im selben 5. Jh., wo sie dann das heutige Schweizer Mittelland aufbrachen, besetzten sie auch den Streifen zwischen Iller und Lech: Die Schwaben sind also bereits da, als die Baiern auf dem Plan erscheinen, und der Lech ist eine fließende Grenze. Heute noch reicht ja der schwäbische Dialekt bis zum Ammersee, und das alte Bistum Augsburg kommt mit seinen vorgetriebenen Dekanaten bis zur oberen Isar und zur unteren Paar. Nur daß die Alemannen früher und eindeutiger als die Baiern unter die Botmäßigkeit des Frankenreiches kommen und schon 746 mit der Exekution von Cannstatt das eigene Herzogshaus verlieren. Wenn unter Odilo oder Tassilo der bairische Heerbann gegen den Frankenkönig aufgeboten wurde, stand man am Lech. Aber gerade aus der Weitläufigkeit des Frankenreiches heraus ist auch eine gewisse Verselbständigung der Prellzone zwischen Iller und Lech zu erklären. Hier erwuchs die Sonderstellung der älteren Welfen, faßten dann im Hochmittelalter die Staufer mit ihrem Hausgut festen Fuß.

Wenn die Schwaben ein eigener Stamm sind, für die Baiern von Anfang an Nachbarn und nahe Verwandte – das Mainland ist eine Außenposition des Großreichs der Franken, die eigentlich an Schelde und Niederrhein sitzen. Sozusagen ein Stoßkeil, hineingetrieben zwischen die deutschen Altstämme rechts des Rheins, die Sachsen und Thüringer im Norden, die Alemannen und Baiern im Süden. Das Volkstum in dieser Außenbastion war zunächst eher thüringisch. Am Obermain gab es sogar Slawendörfer. Erst im langsamen Fluß der Jahrhunderte aben wir dann so etwas wie die »Verfränkung« des ganzen Raumes zwischen Jura und Thüringer Wald, zuletzt sogar das Herüberwandern des Namens »Ostfranken« von den Rheinlanden in die Mainlande hier. Klar, daß auf diesem Boden ein eigenes Herzogtum von vornherein keine Chance hatte. Franken ist das Königsland, das Reichsland schlechthin. Höchstens, daß die Bischöfe von Würzburg seit dem 11. Jh. eine herzogsähnliche Gewalt aufzubauen suchten, ja den Ehrentitel des »Dux Francoriae« noch im 18. Jh. in ihre barocke Prunkresidenz einbringen konnten und damit in den gemalten Himmel des Giovanni Battista Tiepolo.

Gemeinsamkeiten und Abschattungen

Seit Kaiser Heinrich II., dem Heiligen, ist die Reichsidee für Altbayern wie für Neubayern gleich verbindlich – Reichsland hier, Reichsland dort. Noch rücken auf dem Domplatz von Bamberg die »Adler nächtlich Haupt und Flügel«, werfen die Rößlein »ihre blanken Eisen wie Silbersicheln in die blaue Luft«. Und um 1200, als unter den Stauferkaisern die höfische Dichtung ihrem Gipfel zustrebt, stehen Walther von der Vogelweide und Wolfram von Eschenbach auf ihrer Mittagshöhe, vielleicht doch beide Baiern dem Stamme nach, aber beide auch eingelebt in das fränkische Land.
Die großen Dynasten, die das Imperium tragen und seine höfische Kultur, Männer wie etwa die Grafen von Andechs-Meranien, sitzen in Altbayern wie im Mainland. Das Reichsbistum Eichstätt aber markiert die Dreiländerecke, ist bairisch, schwäbisch und fränkisch zugleich.
Überhaupt, wenn man die alte Kirchen- und Diözesanordnung des Landes ins Auge faßt: Jetzt kommt zwar Bamberg neu hinzu, aber die Bistümer, wie sie stehen,

hat alle schon der heilige Bonifatius im 8. Jh. organisiert. Und bereits vor Bonifatius waren die iro-schottischen Wandermissionare dagewesen und hatten dem Christentum selber zum Durchbruch verholfen. Kilian in Würzburg, Erhard in Regensburg, Korbinian in Freising, Mang in Füssen, als Zeitgenosse und Gegenspieler des Bonifatius noch der große Virgil von Salzburg. Wenn man in Bayern heute noch »Grüß Gott« sagt: es ist die Lehnübersetzung des Grußes der altirischen Klostersprache – »Go mbeannaighe Dia dhuit!«
Das Kaisertum als gemeinsamer Nenner des Bayern von heute, darunter Kirche und Christentum, noch tiefer das längst verschüttete römische Imperium. Lange bevor man nämlich von Baiern, Schwaben oder Franken wußte, waren schon die Römer im Land gestanden, hatten für ein halbes Jahrtausend das ganze Leben bestimmt. Augsburg, Regensburg und Passau sind Römerstädte und alte Vorposten der Mittelmeerkultur. Und vor den Römern waren schon die Kelten dagewesen, hatten dem Land zwischen Alpen und Main ihre frühe Feudalkultur aufgeprägt mit den allerersten stadtähnlichen Siedlungen und umwallten Tempelbezirken, den sogenannten »Vierecksschanzen«. Die »Kontinuität der bayerischen Geschichte« – genaugenommen beginnt sie mit den Kelten und dem vierten Jahrhundert vor Christus. Aber gerade diese Kontinuität differenziert auch wieder. Die Kelten am Main wichen nämlich schon im letzten Jahrhundert vor Christus den vordrängenden Germanenstämmen aus. Um die Alpengrenze zu sichern, waren die Römer gezwungen, mit dem Sommerfeldzug des Jahres 15 v. Chr. wenigstens die Donaukelten in ihr Imperium hereinzunehmen. Wieder die Donaulinie: diesmal als Grenze gegen die Germania magna, denn der steinerne Grenzwall, der Limes, sprang nur so weit vor, daß lediglich eine kleine schwäbisch-fränkische Teillandschaft den altrömischen Provinznamen bewahren konnte

– »Raetia«, aus dem unser »Ries« geworden ist. So hat eigentlich nur das Land südlich der Donau den echten Zusammenhang von den romanisierten Kelten hinüber zu den einsickernden Baiern und Schwaben. Zwar nicht die strengen Historiker, aber dafür die scharfäugigen Essayisten haben schon immer den keltischen Einschlag im baierischen Stammeswesen gesehen: Phantasie, Formenfreude, die Lust am Auftrumpfen, Rankeln und Raufen, die Pferdenarretei wie im Rottal, im Innviertel oder um den Samerberg.

Das Landesfürstentum

Vielleicht ist das heilige, übernationale Reich des Mittelalters, das sich selber wie eine Erneuerung des römischen Imperiums empfand, im Grunde nur eine große Idee gewesen und ein schöner Traum. Jedenfalls, als mit den Hohenstaufen das glanzvollste aller Kaiserhäuser unterging, splitterte sich das Reich gerade dort, wo alles Königsgut war, auf in lauter kleine und kleinste Herrschaften.
Wir haben auf einmal die bunte Vielfalt Schwabens. Vor allem aber Frankens. Zwei weltliche Gewalten, die hier miteinander rivalisieren: nämlich die große Reichsstadt Nürnberg und ihre Burggrafen, die Zollern, die unter und ober dem »Gebürg« ihre eigenen Markgrafschaften ausbauen, später nach den Vororten »Markgrafschaft Ansbach« und »Markgrafschaft Bayreuth« benannt. Daneben die drei Reichsbistümer Würzburg, Bamberg und Eichstätt. Dazwischengekeilt, im Geschiebe und Gedränge, die kleinen Reichsstädte und Grafschaften, die Reichsritter und sogar ein paar Reichsdörfer. Und die Kleinwelt spiegelt sich wider in der Dichte der Städte, in der Erbteilung der Höfe, im Gartenland um Bamberg, in den Weinbergen um Würzburg mit

ihren Einfangmauern und Rebenhäuschen.
In Altbayern dagegen bleibt das eine Herzogtum, das alte Fünfeck, das die Wittelsbacher zum neuen Landesfürstentum umprägen können. Ein Territorium, wo Stamm und Staat sich immer noch decken, mit einem hohen Himmel und weiten Grenzen. 1268, als die Staufer erlöschen, tut dieses Bayern das Hausgut des jungen Konradin ein: Es war der erste Sprung über den Lech. Nur gegen die Bischöfe kamen die Wittelsbacher nicht ganz auf. Gegen den Augsburger so wenig wie gegen den Freisinger oder den Regensburger. Alle behielten sie ihre theokratisch regierten Stadtstaaten. Und der Salzburger und der Passauer konnten im Land zwischen Bayern und Österreich regelrechte geistliche Pufferstaaten aufbauen, die heute noch ihre ganz eigene Kulturnuance bedeuten.
Um das »Land im Gebirg«, um Tirol, aber wurde herzhaft gewürfelt, und die neuen Herzöge wichen nur Schritt für Schritt. Kaiser Maximilian mußte noch 1504 das feste Kufstein in Trümmer schießen, um zu den heutigen Grenzen zu kommen. Und wo immer im Oberland einer heute auch wandert: Hinter den Bergen ahnt er Tirol.

Die Wittelsbacher

Sie waren eigentlich Grafen aus dem Westen des Landes, ursprünglich nach Scheyern benannt, der Stammburg, die sie zu ihrem Hauskloster machten. Und sie waren jähzornig und fromm, gewaltige Jäger vor dem Herrn, überhaupt tapfere Leute, von leicht berührbarem Temperament wie der Stamm selber. Die unentwegte Treue zum staufischen Haus trug sie 1180 zur Herzogswürde empor, und als Territorialpolitiker erwiesen sie sich von eiserner Konsequenz. Sie wußten, daß ein Dorf an der

Grenze wichtiger ist als ein Königreich in weiter Ferne. Nur einmal, mit der welfischen Heirat und der Belehnung von 1214, wagten sie den Sprung hinüber zur Pfalzgrafschaft bei Rhein. Aber auch diese Pfalz hielten sie über die Jahrhunderte hin fest – eine Verbindung, die Bayern sicher mehr einbrachte als bloß den Welfen-Löwen im Wappenschild. Und Ludwig der Bayer dann, der große Förderer der Bettelmönche und der Städte, trug von 1314 bis 1347 als erster seines Hauses die deutsche Kaiserkrone. Er liegt in der Fürstengruft der Münchner Frauenkirche begraben.

Freilich, auch die Wittelsbacher haben, genauso wie die Luxemburger, die Habsburger oder die Wettiner, das einmal errungene Territorium als eine privatrechtliche Sache aufgefaßt. Sie teilten ab und sie stritten sich, konnten sich in der alten Hauptstadt Regensburg den Bürgern gegenüber so wenig durchsetzen wie der andere Stadtherr, der Bischof. So taucht bald Landshut als der neue Herzogssitz auf, rivalisiert mit dem älteren München, muß sich schließlich in den Rang einer »Hauptstadt« auch noch mit Ingolstadt, Straubing und Burghausen teilen. Drüben in der Unterpfalz wird Heidelberg der wittelsbachische Vorort; aber seit 1338 sitzt ein pfälzischer Statthalter auch herüben in Amberg und regiert die »Obere Pfalz« auf dem alten Nordgau. Als späte Residenz kommt nach 1505 noch Neuburg an der Donau dazu, mit der letzten Teilung sozusagen. Doch gerade dieses Neuburg wird im 16. Jahrhundert ein wichtiger Mittelpunkt manieristischer Hofkultur.

Stammescharakter und Kunst

Wir könnten diese Landesteilungen vergessen, denn nach den Wittelsbacher Hausgesetzen ist doch wieder alles in eine Hand zurückgekommen, wenn auch mit den weit auseinandergezogenen Etappen von 1505, 1628 und 1777. Aber gerade das Nebeneinander der Hauptstädte, geistlicher wie weltlicher, schuf auch in Altbayern die vielen Kulturmittelpunkte. Vielleicht ist das Bairische in der alten Kunsthauptstadt Regensburg zum erstenmal da. Jedenfalls, die Spätgotik spielt dann das Stammeseigene großartig aus als Freude am Naturhaft-Unmittelbaren, am Kraftgeladenen, ja Heftig-Derben, und der Donaustil ist auch bei uns ein Gipfel. Man darf nur an Erasmus Grasser denken und den Schnitzerhumor seiner Moriskentänzer, an Hans Leinberger und den strömenden Faltenwurf seiner Madonnen, an Albrecht Altdorfer und den verglühenden Abend seiner Waldlandschaften. Das zersplitterte Franken ist demgegenüber viel schwerer auf eine Formel zu bringen, fällt zumindest in Mainfranken und Pegnitzfranken auseinander, in Würzburger und Nürnberger, wenn man so will. Aber es bleibt das In-Sich-Hineinhorchen, das Abwägen und Überlegen, die nervöse Empfindsamkeit. Man sieht Albrecht Dürer und sein beharrsames »Kleibeln«; Tilman Riemenschneider, der dem ganzen Mainland die sanfte Gewalt seines Formwillens aufzwingt.

Schwaben aber bleibt das Umbrien der altdeutschen Kunst. Man ringt um Schönheit und um Vornehmheit, um Innerlichkeit, Stille, ja Milde. Zunächst hat hier Ulm die Führung. Aber um 1500 geht die Vormacht an Augsburg über, die andere große Reichsstadt, die Handelsstadt, die Fuggerstadt. Hans Holbein der Ältere treibt sein klares Malwerk heraus; Loy Hering aus Kaufbeuren meißelt die leise Melancholie des sitzenden Willibald im Eichstätter Dom.

Dabei haben alle drei Stämme von Haus aus etwas Bedächtiges an sich. Es fehlt ein gewisser Mut zum Vorangehen und ein gewisses Maß an Selbstsicherheit. Bei den Altbayern hat man von ihrem Phlegma gesprochen, bei den Schwaben von ihrer Spintisiererei; vom »Altfränkischen Wesen« redet ohnedies jeder. Es gehört, so scheint es, zu den Eigenheiten des Landes, fremde Anregungen erst spät aufzugreifen, aber dann die darin beschlossenen Möglichkeiten zur letzten Reife zu steigern. So ist es jetzt in der Spätgotik. So wird es dann im Manierismus sein. Und zuletzt im Spätbarock.

Merkwürdig auch, daß in dieser erfüllten Zeit um 1500 das Stammeswesen noch einmal einen Anlauf zur politischen Zusammenfassung nimmt: nämlich mit der Einrichtung eigener »Reichskreise« seit Kaiser Maximilian. Der »Bayerische Kreis« springt sofort ins Auge, denn er faßt wieder das alte Fünfeck zusammen, einschließlich der Bischofsstaaten. Der »Fränkische Kreis« erinnert von fernher an das Franken von heute, wenn auch das Spessartland noch zu Kurmainz gehört. Beim »Schwäbischen Reichskreis« sieht man zunächst das Land um den Neckar und am Bodensee; aber bald bildet sich im Streifen zwischen Iller und Lech ein eigenes »Augsburgisches Viertel« heraus.

Reformation und Gegenreformation

Aus der strömenden Fülle des 16. Jhs. erwuchs die deutsche Reformation als der große Versuch, nicht Gott für die Nation, sondern die Nation für Gott zu erobern. Martin Luther bewegte das ganze Land, und gerade die großen Reichsstädte fielen ihm zu, bildeten das Kräftedreieck Nürnberg-Augsburg-Regensburg, dem sich dann die Weißenburg, Nördlingen oder Dinkelsbühl, die Donauwörth, Kaufbeuren oder Memmingen wie von selber zuordnen ließen. Entscheidend auch der Übertritt der Markgrafschaften und die Nürnberg-Brandenburgische Kirchenordnung von 1533: das evangelische Franken zeichnet sich erstmals ab mit seinen Pfarrhäusern und seinen Gymnasien, und man denkt daran, wie noch

Jean Pauls Vater zu Jodiz an der Saale oder zu Schwarzenbach auf seiner Pfarre gesessen ist.

Aber zunächst ging es nicht um die Idylle, sondern um die große Auseinandersetzung der sich formierenden Konfessionen. Denn die altbayerischen Wittelsbacher hielten sich und ihr Volk beim alten Glauben, gaben schon früh die Vormauer ab für die katholische Welt. Es mag hier zunächst das stammesmässige Beharren mitsprechen, die alte Bindung an den lateinischen Süden; entscheidend aber ist, daß das Herrscherhaus bei sich selber den Anfang setzt und sich mit jedem Jahrzehnt mehr hineinlebt in die vom Konzil in Trient ausgehende katholische Erneuerung. Die altbayerischen Bistümer, aber auch ein Augsburg, ein Eichstätt, Würzburg, Bamberg, Kurmainz, sie wurden zu Zwangsverbündeten der gegenreformatorischen Vormacht Bayern, hinter dem die Kurie stand und das spanische Weltreich. Erst von dieser Basis aus war 1583 der Zugriff auf das entgleitende Erzstift Köln möglich: er sicherte den Katholizismus am Niederrhein, und für fast zweihundert Jahre trug jeweils ein nachgeborener Wittelsbacher Prinz den Kurhut von Köln und die Mitra der Nachbardioezesen Lüttich, Münster oder Hildesheim.

Gipfel dieser Entwicklung ist die Regierung des Herzogs und nachmaligen Kurfürsten Maximilian I. (1597-1651), der im Dreißigjährigen Krieg sein Bayern wie selbstverständlich neben die europäischen Mächte stellte. Er hat dem ganzen bairischen Raum seine konfessionell-absolutistische Haltung aufgeprägt und seine barocke Frömmigkeitsform – Maximilian, der große Reaktionär, der der Flut der Zeit den Damm entgegenbaute, zwischen einem unbegrenzten Gestern und einem unendlichen Morgen das Ewige suchte.

Bayerisches Rokoko

Der Barock ist für das ganze Land zum entscheidenden Kunst- und Lebensstil geworden, nachwirkend bis zur Schwelle unserer Tage, und für Altbayern hat man schon die Formel aufgebracht vom Zusammenfall des »Baiwarischen« und Barocken. Aber auch in Nürnberg gibt es den vornehmen Literaturbarock des »Pegnesischen Blumenordens«, und im Fichtelgebirge oder im Frankenwald haben wir noch in entlegenen Dorfkirchen einen fast katholisch wirkenden »Markgrafenbarock«. Und diesen Barock schöpfte man nicht aus zweiter Hand, sondern man holte ihn überall direkt über die Alpen herüber, gab da oder dort einen starken Einschlag hispanischen Wesens dazu.

Bis das Rokoko kommt und wirkt wie die Selbstbefreiung des Barocks von einer allzu schweren, bombastischen Last. Natürlich, die ersten Anregungen gibt Frankreich, mit dem Bayern durch fast zweihundert Jahre ein enges Bündnis hält. Gipfel der »Blaue Kurfürst« Max Emanuel, der im großen Weltkrieg um die spanische Erbfolge ein Hauptalliierter Ludwigs XIV. war, auch wenn ihm das 1704 die Niederlage von Höchstädt und Blindheim einbrachte und die lange Verbannung in Belgien und Frankreich. Max Emanuels Oberhofbaumeister Josef Effner hat bereits bei Boffrand gelernt, und als 1724 François Cuvilliés nach seinen Pariser Jahren in München einrollt, fährt der neue Stil sozusagen im Rücksitz mit.

Aber es geht zuletzt gar nicht mehr um den Hof, sondern um das Volk: Einheimische Maurermeister, Bildschnitzer, Stukkateure und Freskanten führen die Salonfröhlichkeit der Franzosen hinüber in den Jubel ihrer Rokoko-Kirchen. Entscheidend als Anreger und Förderer die vielen alten Prälatenklöster draußen im Land mit ihren Hauswallfahrten und »inkorporierten Pfarreien«.

Die berühmte Wieskirche bei Steingaden ist nur das schönste Beispiel für ein europäisches Phänomen. Und selbst die niederen Bauernstuben werden auf einmal heller; in der »Schönen Kammer« steht der buntbemalte Tölzer Kasten; im Herrgottswinkel schimmern die Hinterglasbilder aus dem Oberland oder dem Bayerischen Wald. Dieses bayerische Rokoko leuchtet hinein nach Oberösterreich und in die Bergtäler Tirols, fließt vor allem breit nach Oberschwaben aus, und zwar bis hin zum Bodensee. Erst im Mainland setzt ihm der große »Reichsstil« der fränkischen Hochstifte die Barriere entgegen. Das Bayreuther Rokoko der Markgräfin Wilhelmine aber ist ein Eigengewächs, kapriziös und preußisch-spröd zugleich, versetzt mit einem kräftigen Schuß Aufklärung und Voltaire.

Der Montgelas-Staat

Die Aufklärung, sie hat gerade am Main und auch südlich der Donau ganz eigene Ansätze gefunden, ist aber dann verschüttet worden, als die Obrigkeiten die Furcht vor der großen Revolution überkam. So mußte im Zeitalter Napoleons der ganze Raum von außen aufgebrochen werden, mußte ein Minister kommen wie der Freiherr und spätere Graf Montgelas und mit ihm die Revolution von oben. Montgelas, der Bayer französisch-savoyardischer Abkunft, hielt inmitten schwerster Stürme den altbayerischen Kurstaat über Wasser. Er hat aber auch den engen Stammesbereich erstmals aufgesprengt und sein neues Bayern weit hineinwachsen lassen in die schwäbischen und fränkischen Provinzen. Bis zu den Grenzen von heute, einschließlich der Rheinpfalz, die man ihm noch 1816 im Tausch für Salzburg aufdrängte. Und wenn es zuletzt, ohne Reichsritter und Reichsdörfer, 83 verschiedene Territorien waren, Montgelas hat sie alle, ohne Rücksicht auf Gegebenes und Gewordenes, einzig aus der Vernunft heraus, zum neuen Staat verschliffen, straff, zentralistisch, von strenger Einheitlichkeit. Wichtigster Grundsatz die Gleichheit der Konfessionen – auch wenn ein einziger Blick in die Statistik auswies, daß sonst kein deutscher Staat im Verhältnis zu seiner Masse soviel geistliches Land aufgenommen hatte wie Bayern. Das äußere Symbol der neuen Einheit aber war die Königskrone, die sich Max I. Joseph am 1. Januar 1806 aufs Haupt setzte. Freilich mit einer historischen Begründung: durch die unerschütterliche Treue der Untertanen und durch die vorzüglich bewiesene Anhänglichkeit aller sei es dahin gekommen, daß sich der bayerische Staat wieder zu seiner ursprünglichen Würde emporgehoben habe.

Königsbilder

Seit dem Aussterben der altbayerischen Wittelsbacher im Jahre 1777 war es die pfälzische Linie des Hauses, die die Kontinuitaet des Staates repräsentierte. Weil diese Pfälzer selber von außen gekommen waren, erleichterten sie das innere Zusammenwachsen des neubayerischen Staates. So ist gerade Ludwig I., der romantische König, noch in Straßburg geboren, zum eigentlichen Fortsetzer dessen geworden, was Montgelas begonnen hatte. Er gab den Stämmen den Stolz auf ihre Vergangenheit zurück, suchte den starren Montgelas-Staat mit den Kräften der Geschichte und des Glaubens neu zu durchdringen. Und er war ein großartig-kühner Förderer der Künste, ein Mann, der es sich in den Kopf gesetzt hatte, »aus München eine Stadt zu machen, die Teutschland so zur Ehre gereichen soll, daß keiner Teutschland kennt, wenn er nicht München gesehen hat«. Erst vor den Forderungen der Revolution von 1848 ist er zurückgewi-

chen, denn er war nicht nur ein großer König, sondern in seinem innersten Herzen noch ein Autokrat reinsten Wassers.

Ludwigs Sohn Max II. ist unter den bayerischen Königen die kühlste Natur auf den ersten Blick und doch die menschlich anziehendste beim näheren Hinsehen. Ein König, der zeit seines Lebens lernen wollte, liberal war im guten Sinn des Worts, den Künsten die Wissenschaften an die Seite stellte. Er hat, großzügig im Ausgreifen, der Universität München ihren europäischen Gelehrtenruhm gegeben und eine Dichterschule um sich gesammelt, eingeschworen auf Bildung und auf strenge Form. 1864 ist er gestorben, für sein Land viel zu früh.

Der strahlende Ludwig II. ist der edle Verschwender des Königtums, der Mitschöpfer von Wagners musikdramatischem Werk, auf seinen fernen Märchenschlössern Parsifal und Louis-Quatorze zugleich. Ihm entglitt zwar der Staat, Bayern selber, das durch Bismarcks überlegene Diplomatie ins neue Kaiserreich hineingezwungen wurde, aber er entrückte dafür die Königsidee hinein in eine Welt des Traums und der Phantasie. »Roi, le seul vrai roi de ce siecle, salut, Sire!« hat Paul Verlaine ihm noch 1886 nachgerufen.

Die Verfassung von 1818

Vielleicht war es wirklich so, daß in Bayern statt Ludwig II. oder statt Luitpold, dem Prinzregenten, eigentlich die Minister regierten. Und zwar von 1864 bis herauf zum Ersten Weltkrieg. Aber sie haben gut regiert und dem Land selbst im Bismarck-Reich die verbriefte Sonderstellung offengehalten. Und schließlich hatte man immer noch eine eigene Verfassung, die alle Gewalt vom König herleitete – eine der ehrwürdigen süddeutschen Verfassungen der Vormärz-Zeit, schon 1818 erlassen.

16

Gewiß, die bayerische Verfassung war ursprünglich ein Zugeständnis der Krone an die neuen Landesteile gewesen, einfach die Sicherstellung der ständischen Urrechte auf regelmäßigen Zusammentritt der Landtage, auf die Steuerbewilligung und die Mitwirkung bei der Gesetzgebung. Aber mit den steigenden Jahren erwiesen sich gerade diese Landtage als eine innere Verklammerung des weiß-blauen Staates.

Der größte Schub war der außerordentliche Landtag von 1848, der in zwei Monaten vierzehn entscheidende Gesetze durchbrachte, darunter das »Über die Aufhebung der standes- und gutsherrlichen Gerichtsbarkeit, dann die Aufhebung, Fixierung und Ablösung der Grundlasten«. Nicht als ob wir das törichte Schlagwort von der alten »Leibeigenschaft« nachreden möchten, aber jetzt erst wurde der Bauer wirklich frei, konnte sich das Dorf hineinleben in jenes großartige 19. Jahrhundert, für das uns die Bilder eines Wilhelm Leibl stehen oder die Bücher eines Ludwig Thoma. Daß Bayern ein Bauernland war, man hat es immer wieder stolz herausgesagt. Trotz der Taten bayerischer Erfinder von Senefelder bis Rudolf Diesel hat hierorts die Industrialisierung mit einem großen Ritardando begonnen. Vor dem Ersten Weltkrieg haben nur Augsburg und Nürnberg mit ihrem altreichsstädtischen Gewerbefleiß einen ersten Ansatz ergeben, von den Provinzen höchstens Oberfranken oder die Rheinpfalz.

München leuchtete

Das Erstaunlichste an diesem 19. Jahrhundert aber ist, wie die Residenzstadt München auf ihrer weiten Ebene vor den Bergen immer mehr zum Sammelpunkt des ganzen Landes wurde. Das ging weit hinaus über die Kunsthauptstadt Ludwigs I. oder die Kulturhauptstadt Max' II., und unter dem Prinzregenten trafen sich hier, zwischen Paris und Wien sozusagen, die jungen Leute aus aller Herren Länder. München, wie es sich hinausreckte nach allen Richtungen der Windrose, zum Himmel emporwuchs mit immer neuen Kuppeln, Giebeln und Türmen, ausfiel ins grüne Land mit breiten, flutenden Straßen.

Über Fassaden und Plätzen ein leichter Schimmer des Südens und alles voll Geleucht und heimlichem Jubel. Und ein Stadtteil hieß Schwabing, und er bedeutete fast so etwas wie eine eigene Weltanschauung.

Dr. Georg Hirth brachte die unvergeßliche »Jugend« heraus, und Albert Langen gründete den »Simplicissimus«. Es ging um den »Malerfürsten« Franz von Lenbach und sein starres »Dös kann i net habn«; um die Sezession und den neuen Impressionismus; um den »Blauen Reiter« und die ersten abstrakten Bilder. Stefan George stiftete einen fast priesterhaften Jüngerkreis; Frank Wedekind aber trat als Bänkelsänger auf und als »Satanist«. Dazwischen Künstlerfeste und Faschingsbälle, und auf dem Oktoberfest von 1901 saß Franz Blei mit einem gewissen Herrn Uljanow-Lenin beim Brathendlessen: »Er konnte mit einem nicht geringen Charme von einer Humorigkeit sein, wie man das oft bei Menschen trifft, die sowohl ihrer Person wie auch ihrer Sache ganz sicher sind ... Von der Stärke der menscklichen Intelligenz hielt er nicht viel, und als das gesagt war, sprach er mit einem andern Nachbarn vom Bier.«

Freilich, 1918 dann, als der Staat und die Verfassung in ihre große Krise kamen, gab Schwabing auch das Stichwort aus für die Revolution. Ausgerechnet im konservativen Bayern fiel die erste deutsche Krone, und man präsentierte dem König eine Rechnung, die eigentlich dem Kaiser galt. München strampelte sich durch wirre Nachkriegsjahre, bis man auch hier in Kultur und Leben so etwas spürte wie eine bayerische Variante der »Goldenen zwanziger Jahre«. Seit 1924 lebte Richard Strauss in der Stadt.

Das flache Land draußen erwachte wie aus einem Traum. Schüttelte den Bann von sich, in dem es die Hauptstadt durch ein Jahrhundert gehalten hatte. Es gab eine Heimat- und Volksliedbewegung, Weiß-Blaue Tage der Monarchisten, immer neue Schützenfeste, Freilichtspiele und Aufzüge. Man sah die eigene Vergangenheit auf einmal in poetischer Verklärung.

Bayern in Europa

So sehr es zum Lächeln reizt: das Stammesgefühl von den Anfängen her, das Staatsgefühl, wie es im 19. Jh. erwachsen war, sie haben dieses Bayern zusammengehalten. Auch nach 1933, als die Hoheitsrechte der Länder auf das Nazireich übertragen wurden; ja selbst 1945, als nichts mehr da war als die bloße Konkursmasse. Man zimmerte bereits 1946 das Notdach einer neuen bayerischen Verfassung auf, und der Verlust der abgesplitterten Rheinpfalz ließ das Staatsgebiet eher noch homogener werden. 1949 ging man nur zögernd auf das Bonner Provisorium ein, mit einem kleinen Ja in der Presse und einem großen Nein im Parlament.

In den letzten zwanzig Jahren allerdings hat Bayern noch einmal sein Gesicht gewandelt. München ist zur Weltstadt geworden, und in der Berufsstatistik des ganzen Landes haben überall der Arbeiter und der Angestellte den Bauern abgelöst. Dazu kommt die gewaltige deutsche Binnenwanderung, 1939 durch übermächtige Ereignisse ausgelöst, mit steten Schüben bis auf den heutigen Tag. Was die alten Kameralisten noch so wohlwollend den »Wanderungsgewinn« genannt haben, ist zu einer Welle geworden, die München fast erdrückt. Dagegen wieder der Bayerische Wald oder die Ober-

pfalz, überhaupt weite Gebiete des ländlichen Bayern, die sich langsam aber stetig von Menschen entleeren ... Nur daß bei uns sich immer wieder einer hinsetzt und von der Geschichte redet, vom Unbehagen an so viel Neuem, davon, daß er seine »Königlich-bayerische Ruh« haben möchte. Die Schotten, die Bayern, die Georgier, die Montenegriner, die Basken – irgendwie sind sie sich schon ähnlich. Sie alle haben ein Selbstbewußtsein, das sich auf das Selbstgenügen gründet und deswegen nicht leicht aus der Welt zu schaffen ist.

Und wenn das neue Europa ein Europa der Vaterländer sein wird oder, noch besser, ein Europa der Regionen, dann muß es dabei ein menschliches Optimum geben. Ein Land, das die ganze Vielfalt von Landschaft und Volkstum ausspielt und doch etwas Festgefügtes hat und etwas Umhaustes. Noch regiert werden kann ohne die durchgestanzte Schablone. Ein Land, das einem noch Raum zum Atmen läßt und doch den Blick wieder fängt an nicht allzu fernen Grenzen. Dazu gut tausend Jahre eigener Geschichte, die einen tragen und halten, das Wissen geben um das Bleibende.

Ein menschliches Optimum: wir möchten fast glauben, daß das weiß-blaue Königreich des 19. Jahrhunderts eines gewesen ist – und daß der demokratische Freistaat des 20. Jahrhunderts immer noch eines sein könnte.

BAVARIA

Benno Hubensteiner

To the outsider Bavaria appears at first sight to be a colourful piece of Alpine folklore. Green plush hats, lederhosen and brass bands everywhere; dirndls with flying skirts and tight bodices; nothing but the tapping of beer, jodelling, dancing the schuhplattler, "Kammerfensterln-Gehen" (courting through the bedroom windows) and tavern brawls. Motto: Wir samma dö lustinga Holzhackersbuam …" (We're the jolly wood-cutter boys.)

Taking a closer look one notices however that this picture at the best is only true of Upper Bavaria, and even then only very conditionally. That it is a cliché, frankly speaking, put on for tourists, folktheatre and television. At heart Bavaria is an old-established state, one of the oldest in Europe, and about thirty years ago a liberal-socialist government of all people put up the stubborn escutcheon "Free State of Bavaria" on all border crossings. Put it purposely right beside the old-new German eagle.

A glance at the political map of mid-Europe shows that Bavaria is about as big as present-day Austria and almost twice as big as the Swiss Confederation. The map of the Federal Republic of Germany also assigns the whole of its south-east to this Free State of Bavaria. Bavaria is one of the few states which has always been in existence and was not merely a result of the occupation of 1945. A self-contained and compact block of land from the Iller to the Inn and Salzach, from Spessart to Karwendel: hidden in the shadow of the Alps, secured by the Bohemian Forest, covered by the angles of the German Mittelgebirge. However the central line is the Danube. It gathers water from the Fichtel Gebirge to the Silvaplana, slides in easy, scarcely noticeable transition into Austria, had already shown the Nibelungen the way. The Main in the north cannot really compete with so much broadly flowing strength. The Danube sends its tributaries way up towards it, and only grudgingly allows its determinative westeast axis in northern Bavaria to become an east-west axis which joins the land to the Rhine and the North Sea instead of the Balkans and the Black Sea.

The Franconians live on the Main, the Swabians on the upper Danube. Actual Bavarians are only to be found in the three administrative districts which are known jointly as "Old Bavaria", namely in Upper Bavaria, Lower Bavaria and the Upper Palatinate. Just as the Germans are a nation of tribes, so are the inhabitants of the State of Bavaria today. It also has its inner ruptures and scissions, and has only developed into that which it is now throughout a long history. This is nothing to be ashamed of and is no disparagement. A thousand years ago no European country looked like it does on today's map.

The "Baiern"

One thing is clear however: the historian must begin his outline with the "Old Bavarians" since they gave the whole country its name and its permanency throughout the ages. Instead of "Old Bavarians" one can also say "Baiern" and with a simple "ai" express that one means the tribe; namely the "Baiwari" or "Baiowarii" who can first be traced from sources around the middle of the C6 in a central area which reaches from the river Enns in Upper Austria to the Lech, and from the Danube to the fringe of the Alps. In further salients the settlement then progressed into the mountainous country which later will be called "Tyrol", or up into the Nordgau, subsequently the "Upper Palatinate". At any rate the tribal homeland appears in historical atlases as an irregular pentagon, with a dent in one place and a lump in another, but it remains more or less constant in size throughout

German history. Then the actual achievement of "Old Bavaria" from the time of Duke Tassilo until the emperors of the high middle ages – the development of present-day Austria right into the furthest Alpine valleys – remains merely an episode from the country's point of view. From the very beginning the newly-settled land showed a strong tendency towards independence, which first made its appearance in 976 with the secession of Carinthia, then in 1156 with the elevation of the Danube (Eastern) March to a separate duchy became totally effective.

Nevertheless the question still remains, where did the "Baiwari" of the C6 actually come from? Most probably from the east, from the legendary land of "Baia". We do not know exactly. Neither do we know if they migrated in waves or infiltrated during the course of a century. Perhaps they only grew out of national offshoots into a tribe between the Danube and the Alps. But one thing is certain, they were Teutons; and they were peasants too, good-natured, hot-tempered, sensuous, volatile and superstitious as they still are. Beside the Lower Saxons they formed the most compact and defiant tribal duchy in the Frankish-German empire and almost reached complete independence under Tassilo III in the C8 and Arnulf the Bad in the C10. It was only after one of their own tribe became emperor however that they accepted the Empire with both hands: 1002 Henry II, the Pious, from the "Bairisch" line of the House of Otto – previously Duke Henry IV. The Emperor Henry is not the founder of the imperial bishopric of Bamberg merely by chance: although it lies in the region of the Main and was cut out of the older diocese of Würzburg and Eichstätt, he also endowed it with an abundance of land on the Danube, the Isar and the Inn.

Swabia and Franconia

From the point of view of "Old Bavaria" Swabia and Franconia are outsiders. The Swabians are to equate with the main tribe of Alemanni who finally broke through the Roman lines in 260 A.D. and thrust down as far as Lake Constance. In the C5 when they opened up the present mid-Switzerland they also occupied the strip of land between the Iller and the Lech: so the Swabians are already there when the Baiern come on the scene and the Lech is a natural border. Today the Swabian dialect can be heard as far over as Ammersee and the deaneries of the old bishopric of Augsburg protrude to the upper Isar and the lower Paar. The difference is that the Alemanni came under the dominion of the Frankish Empire much earlier and more thoroughly than the Bavarians, and already in 746 with the Execution of Cannstatt they lost their own ducal house. When under Odilo or Tassilo the Bavarian arriere-ban was mustered against the Frankish king, it stood on the Lech. But this very spaciousness of the Frankish kingdom explains a certain independence of the buffer zone between Iller and Lech. Here the privileged position of the old line of Guelphs developed, and then in the high middle ages the Staufers and their dominions became firmly established.

Even if the Swabians are a separate tribe, neighbours and close relatives of the Baiern from the very beginning, the region of the Main is an outpost of the vast kingdom of the Franks who really belong to the Schelde and lower Rhine. A wedge, so to speak, driven between the old German tribes to the right of the Rhine, the Saxons and Thuringians to the north and the Alemanni and Baiern to the south. The population in this outer bastion were at first primarily Thuringian. There were even Slavic villages on the upper Main. Only with the gradual passing of the centuries was there anything like a

"Franconisation" of the whole area between the Jura and the Thuringian Forest, and the transfer of the name "East Franconia" from the Rhineland to the region of the Main. It is obvious from the outset that no independent duchy could stand a chance on this ground. Franconia is the land of kings, the epitome of an imperial land. At best the bishops of Würzburg tried to build up an almost ducal power after the C 11, and were even able to bring the title "Dux Franconiae" into their baroque state residence in the C18, and thereby into the painted heaven of Giovanni Battista Tiepolo.

Similarities and Discrepancies

After Emperor Henry II, the Pious, the idea of the "Reich" applies to "Old" and "New" Bavaria; both are imperial lands. The eagles still "preen themselves nightly" on the Domplatz of Bamberg, the steeds throw their shining horseshoes "like silver crescents into the blue sky", and about 1200, when courtly epic reaches its height under the Staufer emperors, Walther von der Vogelweide and Wolfram von Eschenbach stand at their zenith, both perhaps of Bavarian stock but both at home in the land of Franconia.

The great dynasties which support the empire and its courtly culture, men like the lords of Andechs-Meranien, are found in "Old Bavariai" as well as the Main region. The imperial bishopric of Eichstätt however marks the juncture of the three lands, is Bavarian, Franconian and Swabian at the same time.

When one actually looks at the old ecclesiastical and diocesan arrangement of the country: it is true that Bamberg is a new addition, but the bishoprics, as they are, were already organised by St Bonifatius in the C8. Even before Bonifatius the Iro–Scottish itinerant mis-

sionaries had been there and had helped to propagate Christianity. Kilian in Würzburg, Erhard in Regensburg, Korbinian in Freising, Mang in Füssen and the great Virgil of Salzburg as contemporary and antagonist of Bonifatius. When one says "Grüß Gott" in Bavaria today it is a vernacular translation of the old Irish monastic greeting "Go mbeannaighe Dia – dhuit!".

Common denominator of the Bavaria of today is the empire; deeper than that, the church and Christendom, and even deeper, the long buried Roman Empire. There had been Romans in the country long before the Bavarians, Swabians and Franconians came on the scene, and they had already determined its whole life for five hundred years. Augsburg, Regensburg and Passau are Roman towns and outposts of Mediterranean culture. And even before the Romans the Celts had been there, and had imprinted their feudal culture upon the country between the Alps and the Main with the first townlike settlements and enclosed temple areas, the so-called "square entrenchments". The "continuity of Bavarian history" – to be precise it begins with the Celts and the C4 B.C. But this very continuity diverges. Already in the last centuries B.C. the Celts on the Main made way for the advances of the Teutonic tribes. In order to protect the Alpine frontier the Romans were compelled with their summer offensive in the year 15 B.C. to take at least the Danube Celts into their imperium. Once more the line of the Danube: this time as border against Germania magna, then the stone frontier wall, the Limes, only jutted out sufficiently to allow a small part of the Swabian-Franconian countryside to keep the name of the old Roman province "Raetia", from which the present name "Ries" is derived. So actually only the country south of the Danube has a coherence right from the romanised Celts through to the infiltrating "Baiern" and Swabians. Not the strict historian however, but rather the discerning essayist has always seen the Celtic influence in the Bavarian national character: imagination, appreciation of form, delight in bragging, wrestling and brawling, love of horses as in Rottal, the Inn region or around the Samerberg.

The Principality

Perhaps the holy, supernatural empire of the middle ages which considered itself to be a renewal of the Roman imperium was in essence a splendid idea and a beautiful dream. At any rate, with the downfall of the Hohenstaufen, the most brilliant of all imperial dynasties, the empire split up into lots of small and even smaller domains right where the old royal demesne had been.

Suddenly we have the colourful diversity of Swabia and even more so of Franconia. The secular powers are rivals here: namely the great imperial city of Nuremberg and its burgraves, the Zollers, who built up their own margravates above and below the "Mountains", later called the "margravate of Ansbach" and the "margravate of Bayreuth" after their main towns. Alongside were the three imperial bishoprics of Würzburg, Bamberg and Eichstätt. Thrust in between, with much pushing and shoving, were the little imperial towns and counties, the imperial knights and even a couple of imperial villages. This microcosmos is reflected in the density of the towns, in the partition of hereditary estates, in the horticultural land around Bamberg, in the vineyards around Würzburg with their enclosing walls and vintners' huts. In contrast "Old Bavaria" remains one duchy, the original pentagon which the Wittelsbacher are able to turn into a new principality. A territory where land and tribe are still identical, with vast skies and wide frontiers. In

1268, with the extinction of the House of Staufer, this same Bavaria took in the possessions of the young Konradin: it was the first step across the Lech.

But the Wittelsbachs were no match for the bishops. Neither those of Augsburg nor of Freising or Regensburg. All kept their theocratically ruled city-states. The bishops of Salzburg and Passau were even able to build up real ecclesiastical buffer states in the region between Bavaria and Austria, which even today still have their own special cultural nuances.

Tyrol, the "land in the mountains", became the prize in a keen game, and the new dukes retreated only step by step. Emperor Maximilian had to bombard the fortification of Kufstein into ruins in 1504 in order to reach the present frontier. And wherever you walk in the uplands today: behind the mountains you can sense this Tyrol.

The Wittelsbachs

They were actually counts from the western part of the country, originally taking their name from Scheyern, their castle seat, which they later turned into a family monastery. They were hot-tempered and pious, powerful Hunters for the Lord, generally brave people of easily swayed temperament like the tribe itself. Their unceasing loyality to the House of Staufer earned them the title of dukes in 1180, and they proved themselves hard as nails in territorial politics. They knew that a village on the frontier is more important than a kingdom in the far distance. Only once with the marriage into the Guelphs and the enfeoffment of 1214 did they dare to cross to the county palatine "bei Rhein". But then they consolidated this palatinate over the centuries – a connection from which the Bavarians certainly reaped more than merely the Guelph lion in its coat-of-arms. Ludwig

he Bavarian, who was a great supporter of the mendi-
ant friars and the cities, was the first of his line to wear
the emperor's crown from 1314 to 1347. He lies buried
in the royal crypt in Munich's Frauenkirche.
It must be admitted that the Wittelsbachs, like the
Luxembourgs, the Habsburgs and the Wettins considered that territory once acquired is a matter of private
rights. They parcelled out land, disagreed amongst
themselves, could not assert themselves against the
burghers of the old capital, Regensburg, any more suc-
cessfully than the other ruler of the town, the bishop.
Soon Landshut appears as the new ducal seat as rival to
the older Munich, and must then share the title of "capital" with Ingolstadt, Straubing and Burghausen. Over in
the Lower Palatinate Heidelberg becomes the main Wittelsbach town; but since 1338 there has also been a Palatine governor over here in Amberg who governs the
"Upper Palatinate", the former Nordgau. Neuburg on
the Danube is added to these as late residence after 1505,
with the last partition so to speak. Yet it is this same
Neuburg which becomes an important centre of manne-
ristic court culture in the C16.

Ethnic character and art

We could forget these partitions of the land, since with
the Wittelsbach laws of inheritance everything came
back into one hand, even if the stages were very widespread (1505, 1628 and 1777). But the very co-existence
of the capitals, ecclesiastical as well as secular, created
many cultural centres in "Old Bavaria". "Baierisch"
exists perhaps for the first time in the old cultural capital of Regensburg. At all events the late Gothic style displays magnificently the typical ethnic characteristics:
pleasure in natural directness, strength of expression,

even outright vulgarity, and we find the culmination here
in the "Danube style". One only needs to think of Erasmus Grasser and the humorous carving of his dancers,
of Hans Leinberger and the flowing folds of his madon-
nas, of Albrecht Altdorfer and the fading evening light
of his wooded landscapes.
The fragmented Franconia is much more difficult to
bring under one formula since it falls into at least two
parts, Main-Franconia and Pegnitz-Franconia, or Würzburger and Nuremburger if you like. But many things
remain: the being-attuned-to-oneself, the deliberation
and reflection, the nervous sensibility. One sees Albrecht
Dürer and his painstaking "finicking", Tilman Riemenschneider imposing the gentle force of his creative ge-
nius upon the whole Main region.
Swabia however remains the "Umbria of Old German
art". One strives for beauty and elegance, for inner-
liness, gentleness, even mildness. At first Ulm took the
lead here, but about 1500 the dominating position was
transferred to Augsburg, the other great imperial city,
the city of trade and the Fuggers. Hans Holbein the
elder develops his clear style of painting, Loy Hering
from Kaufbeuren carves the gentle melancholy of the
seated Willibald in the minster of Eichstätt.
At the same time, all three tribes have something cau-
tious in their nature. A certain progressive spirit is lack-
ing, as is a certain amount of self–confidence. One spoke
of the stolidness of the "Old Bavarians" and the broodi-
ness of the Swabians, and "Old Franconian manner" is
an expression still in use. It would seem that one of the
peculiarities of the country is to take up foreign ideas
rather late, but then to develop their innate possibilities
to the utmost perfection. So it is here in the late Gothic,
so it will be in mannerism and finally in late baroque.
It is also remarkable during this time of fulfillment around
1500 that tribal identity once again makes an attempt at

23

political integration: namely with the forming of individual "circles" within the empire after Emperor Maximilian. The "Bavarian circle" is immediately recognizable since it builds the old pentagon again, inclusive of the bishops' states. The "Franconian circle" reminds one remotely of present-day Franconia, even if the Spessart still belongs to the Electorate of Mainz. In the "Swabian cirde" one sees first the land around the Neckar and on Lake Constance, but soon an independent "Region of Augsburg" is formed by the strip between the Iller and the Lech.

Reformation and Counter-Reformation

The German Reformation grew out of the rich profundity of the C16 as the great attempt to win the nation for God and not God for the nation. Martin Luther set the whole country in motion and particularly the big imperial cities supported his ideas, forming a powerful triangle Nuremberg-Augsburg-Regensburg which was then joined by towns like Weißenburg, Nördlingen or Dinkelsbühl, Donauwörth, Kaufbeuren or Memmingen following as a matter of course. The conversion of the margravates and the church laws of Nuremberg-Brandenburg in 1533 were also decisive: protestant Franconia manifests itself in the parish houses and grammar schools, and one is reminded of Jean Paul's father sitting in his rectory in Joditz on the Saale or in Schwarzenbach.
At first it was not a matter of this parish idyll but rather the big disputes of the evolving denominations, since the Old Bavarian Wittelsbacher held themselves and their subjects to the old faith and formed the vanguard for the Catholic world at an early date. Perhaps a traditional steadfastness plays a part, the old ties to the Latin south;

but decisive is that the ruling house itself took the first steps and with each decade identified itself with the Catholic renewal propagated by the Council of Trient. Not only the "Old Bavarian" bishoprics but also those of Augsburg, Eichstätt, Würzburg, Bamberg and the Electorate of Mainz were compelled to become allies of the Counter Reformatory hegemony of Bavaria which was backed by the curia and the Spanish Empire. Only from this basis was the attack on the renegade archbishopric of Cologne possible in 1583: it made Catholicism secure on the Lower Rhine, and for almost two hundred years princes of the House of Wittelsbach held both the electoral crown of Cologne and the mitre of such neighbouring dioceses as Liege (Lüttich), Münster and Hildesheim.
The apex of this development is the reign of Duke and subsequent Elector Maximilian I (1597–1651), who quite naturally put his Bavaria on the side of the European powers in the Thirty Years War. He imprinted his denominational-absolutist attitude and his baroque form of piety on the whole area of "Baiern" – Maximilian, the great reactionary, who tried to stem the flood of time and sought the eternal between an unlimited yesterday and an endless tomorrow.

Bavarian Rococo

Baroque became the most decisive form for the whole country both in art and the way of life, with repercussions almost until the present day, and for "Old Bavaria" the phrase "Baiwarisch and Baroque" as coincidence has already been coined. In Nuremberg however one also finds the elegant baroque literature of the "Pegnesischer Blumenorden" and in the Fichtel Gebirge or in the Franconian Forest there is an almost Catholic "Margravian Baroque" in the churches of remote vilages. This baroque was not created second-hand but imported everywhere directly across the Alps, and here and there a strong element of Hispanic was added to it. Until the rococo comes and acts as a self-liberation of the baroque from an all too heavy bombastic burden. Naturally the first impulses come from France, with which Bavaria had close contact for almost two hundred years. The culmination was the "Blaue Kurfürst" Max Emanuel who was one of the principal allies of Louis XIV in the great war of the Spanish Succession, even though it brought him the defeats of Blenheim in 1704 and long years of exile in Belgium and France. Max Emanuel's chief master builder, Josef Effner, had studied with Boffrand, and when François Cuvilliès arrived in Munich in 1724 after his Paris years, the new style rode on his heels so to speak.

In the long run however it is not the court which matters but the people: local masons, carvers, stucco-workers and fresco-painters reproduce the gaiety of the French salons in the exultation of their rococo churches. The many old prelate monasteries in the country with their local pilgrimages and "incorporated parishes" play a decisive part in giving inspiration and encouragement. The famous Wies church near Steingaden is the most beautiful example of this European phenomena. Even the farmhouse rooms are suddenly brighter; the gaily painted Tölzer cupboard stands in the "front parlour"; the glass paintings from the uplands or the Bavarian Forest sparkle in the corner under the crucifix. This Bavarian rococo sends its rays into Upper Austria and the mountain valleys of Tyrol, and flows broadly into Upper Swabia even as far as Lake Constance. Only in the Main region is it confronted by the barriers of the great "Reichsstil" of the Franconian bishoprics. The Bayreuth rococo of the Margravine Wilhelmine is however of independent growth, capricious but with Prus-

sian reserve at the same time, mixed with a good dash of Enlightenment and Voltaire.

Montgelas' State

The Enlightenment, which had very singular beginnings especially on the Main and also south of the Danube, was buried when the authorities were overcome by the fear of the big revolution. In Napoleonic times the whole area had to be broken open from outside, and a minister like the Baron and subsequent Count Montgelas had to come, and with him the revolution from above. Montgelas, a Bavarian of French-Savoyard descent, held the old Bavarian electorate above water in the middle of the severest storms. But first of all he had opened up the narrow tribal region and allowed his new Bavaria to spread itself into the Swabian and Franconian provinces as far as the present-day borders, including the Rhenish Palatinate which he was persuaded to accept in 1816 in exchange for Salzburg. In the end there were 83 different territories, not counting the imperial barons and villages. Without consideration for past and present facts but through reason alone Montgelas polished these into a new state, strict, centralized, strongly unified. The most important principle was the equality of the denominations – even though a single glance into the statistics proved that no other German state had absorbed so much ecclesiastical land in proportion to its size as Bavaria. The outward symbol of the new union was the royal crown which Max I Joseph set on his head on Jan 1st 1806. It must be admitted that this had an historical justification: only the unshakable loyalty of his subjects and their faithfulness which had been proven without any doubt has enabled the Bavarian State to raise itself up again to its original dignity.

25

Gallery of Kings

After the "Old Bavarian" line of Wittelsbach died out in 1777, the continuity of the State was represented by the Palatine branch of the family. The fact that these Palatines themselves had come from outside made the unification of the new Bavarian state much easier. So Ludwig I, the romantic king who was born in Strasbourg, became the actual continuator of that which Montgelas had begun. He tried to pervade the inflexible Montgelas-State anew with the forces of history and religious faith. He was also a generous and daring supporter of the arts, a man who had taken it into his head "to make Munich into a city which should bring such honour to Teutschland that no-one could say they knew Teutschland without having seen Munich". Only in face of the demands of the revolution in 1848 did he flinch, since he was not only a great king but also in his innermost heart an autocrat.

Of all the Bavarian kings, Ludwig's son Max II had the most reserved temperament on the surface and yet was the most humanly approachable when one takes a closer look. A king with a lifelong desire to learn, who was liberal in the best sense of the word, and put the arts side by side with the sciences. Broad-minded in outlook, he gave the University of Munich its scholarly fame in Europe, and collected a school of poets around him who were dedicated to culture and strict form. He died in 1864, much too soon for his country.

The resplendent King Ludwig II is the noble squanderer of the kingdom, the co-creator of Wagner's music-dramas, and in his distant fairy-tale castles both Parsifal and Louis-Quatorze. It is true that the state, Bavaria itself, slipped from his grasp and was forced into the new empire through Bismarck's superior diplomacy, but instead he carried the idea of kingship into a world of dreams and fantasy. In 1886 Paul Verlaine said of him "Roi, le seul vrai roi de ce siècle, salut, Sire!".

The Constitution of 1818

Perhaps it was really a fact during the period from 1864 until the first world war that neither Ludwig II nor the Prince Regent Luitpold ruled but actually the ministers. Yet they ruled well, and they maintained the special position of the kingdom agreed upon by charter even within the Bismarck-empire. At any rate there was still Bavaria's own constitution in which all power was vested in the king – one of the honourable constitutions of the Vormärz (pre 1848) times in southern Germany, enacted in 1818. It is true the Bavarian constitution had originally been a concession of the crown to the new regions of the land, primarily the securing of traditional rights of the estates to regular parliamentary sittings, passing of finance bills and participation in legislation. As time went on however it was this very parliament which proved to be the inner bond of the "white-blue" state.

The biggest step forward was the Extraordinary Parliament of 1848, which passed fourteen decisive laws in two months, among them "the abolition of the jurisdiction of estates and lords of the manor, then the abolition, determination and redemption of real servitude". Not that we wish to repeat the foolish catchword of the old "feudal system", but only now were the peasant-farmers really free and the villages could join in the life of that splendid nineteenth century which is captured so well in the pictures of Wilhelm Leibl or the books of Ludwig Thoma. It had always been proudly maintained that Bavaria was a land of farmers. In spite of the Bavarian inventors from Senefelder to Rudolf Diesel, the industrialisation was very slow to begin here. Before the first world war only Augsburg and Nuremberg, old imperial towns with an artisan tradition, had shown any signs, and in the provinces only Upper Franconia and the Rhenish Palatinate.

Radiant Munich

The most astounding thing about this C19 is how Munich, the city of the royal residence on its broad plain in front of the mountains, gradually became the assembly point of the whole land. This went far beyond Ludwig I's city of the arts or Max II's city of culture, and under the Prince Regent it was the meeting place, between Paris and Vienna so to say, of young people, from every conceivable country. Munich, how it stretched itself in every direction of the compass, grew towards the skies with each new cupola, gable and tower, sprawled into the green landscape with broad flowing streets. The façades and squares glistened with a faint tinge of the south and everything glowed with quiet joyfulness. One part of the city was called Schwabing, and it came almost to represent its own philosophy of life.
Dr. Georg Hirth published the unforgettable "Jugend" and Albert Langen founded "Simplicissimus". Cultural life revolved around the "Prince of Painters", Franz von Lenbach, and his inflexible "that doesn't do for me"; around the "Sezession" and the new Impressionism; around the "Blaue Reiter" and the first abstract paintings. Stefan George founded an almost monastic circle of disciples; Frank Wedekind in constrast appeared as balladmonger and "Satanist". In addition there were the artists' parties and carnival balls, and at the Oktober Fest of 1901 Franz Blei sat eating grilled chicken next to a certain Herr Uljanow–Lenin: "He had quite a sense of

humour and a good deal of charm to go with it, such as one often finds in people who are sure of themselves and their purpose ... He didn't think much of the power of human intelligence, and after he had said that he turned to his other neighbour and talked about beer."
When the State and the Constitution faced its big crisis in 1918 it was Schwabing naturally enough which gave the signal for the revolution. The first German crown toppled in Bavaria of all places and the King was handed the account intended for the Kaiser. Munich struggled through the confusion of the post-war years until something akin to a Bavarian variety of the "golden twenties" became apparent in its life and culture. After 1924 Richard Strauss lived here.
The flat country outside awoke as if from a dream and shook off the spell which had been cast upon it by the capital for a century.
There were regionalistic and folksong movements, patriotic celebrations of the monarchists, more and more festivals for the traditional riflemen, open-air pageants and processions. Suddenly one saw one's past in poetical transfiguration.

Bavaria in Europe

Even if it makes one smile: the tribal spirit of the very outset, the awareness of the state which grew in the C19, both of these have held Bavaria together. Even after 1933, when the sovereignty of the states was handed over to the Nazi regime; even in 1945 when nothing remained but mere bankrupt's assets. Already in 1946 a temporary solution was found in the new Bavarian Constitution, and the loss of the severed Rhenish Palatinate allowed the territory of the state to become even more homogenous. In 1949 the response to the Provisorium of Bonn was tentative, with a small Yes in the press and a big No in parliament.

During the past twenty years Bavaria has changed its appearance yet again. Munich has become a metropolis, and in the employment statistics for the whole land, workers and employees have superseded the farmers. In addition there is the massive inner-German migration, started in 1939 by overwhelming events and constantly recurring until the present day. What the old cameralists still benevolently termed "migratory gain" has become a wave which almost threatens to engulf Munich. In constrast the Bavarian Forest, the Upper Palatinate, vast areas of country Bavaria in general which are slowly but surely losing their population … But here there is always someone amongst us who sits and talks about history and about his mistrust of all new things, and how he wants to have his "Royal Bavarian peace and quiet". The Scots, the Bavarians, the Georgians, the Montenegrins, the Basques – somehow they are all similar to one another. They all have a pride which is based on self-sufficiency and is therefore not easy to destroy.

If the new Europe is to be a Europe of nations, or even better, of regions, then there must be a human optimum in it. A land which reflects the whole variety of scenery and tradition and yet has something solid and protective. Can still be ruled without a stereotyped pattern. A land which gives room to breathe but whose frontiers are still near enough to be sensed. In addition well over a thousand years of its own history, maintaining and preserving, imparting knowledge of perpetuity.

A human optimum: we would like to think that the "white-blue" kingdom of the C19 was one – and that the democratic Free State of the C20 could still be one.

LA BAVIÈRE

Benno Hubensteiner

A celui qui vient de l'extérieur, la Bavière offre tout d'abord le tableau coloré de son folklore alpin. Partout des chapeaux à plumes, des culottes de cuir et des orchestres de cuivres; les Dirndl aux jupes virevoltant sur des dessous amidonnés; rien que tonneaux de bière mis en perce, tyroliennes, danses folkloriques, coutumes truculentes (comme le «Kammerfensterlngehen») et bagarres dans les auberges. Avec pour devise: «Mir samma dö lustinga Holzhackersbuam ...» (C'est nous les joyeux bûcherons ...»).

Mais lorsqu'on y regarde de plus près, on s'aperçoit vite que ce tableau convient tout au plus aux régions alpines de Bavière. Et là encore, avec bien des réserves. Car il s'agit, à vrai dire, d'une façade affichée à l'intention des touristes, d'un cliché entretenu par le théâtre populaire et les gens de la télévision. La Bavière est en effet avant tout un Etat constitué depuis très longtemps, l'un des plus anciens d'Europe et c'est – fait digne d'être précisé – une coalition gouvemementale sociale-libérale qui, il y a une trentaine d'années, a fait dresser à tous les points de passage de ses frontières les armes obstinées du «Freistaat Bayern», de l'Etat libre de Bavière. Juste à côté, et c'est voulu, de l'ancien aigle réincarné dans le nouvel aigle fédéral.

Un coup d'œil sur la carte des Etats d'Europe centrale suffit pour reconnaître que la Bavière est à peu près aussi étendue que l'Autriche actuelle et que sa superficie représente près de deux fois celle de la Confédération helvétique. Sur la carte de la République Fédérale d'Allemagne, la République de Bavière n'occupe pas moins que tout le sud-est, et, de tous les laender, c'est l'un des seuls qui aient toujours existé et qui ne soient pas sortis de l'alambic des forces d'occupation en 1945. Un pays doté d'une unité, formant un bloc qui s'étend de l'Iller à l'Inn et à la Salzach, du Spessart au Karwendel: blotti à l'ombre de la paroi alpine, à l'abri des forêts de Bohême, ceinturé par les chaînes de montagnes moyennes. L'artère principale en est le Danube. Celui-ci recueille les eaux du Fichtelgebirge jusqu'à la Silvaplana, passe en Autriche par transitions douces, à peine perceptibles, il a déjà ouvert la voie aux Nibelungen. Le Main, au nord, n'est pas de taille à rivaliser avec le Danube, ni par sa largeur, ni par la puissance de son débit, mais le Danube envoie dans sa direction des affluents qui remontent très au nord, tolérant seulement à contre-cœur qu'à l'axe est-ouest dominant la Bavière du Nord s'ajoute un axe est-ouest reliant le pays au Rhin et à la mer du Nord plutôt qu'aux Balkans et à la mer Noire.

Or, les bords du Main sont peuplés de Franconiens. Le bassin supérieur du Danube de Souabes. De véritables Bavarois, on n'en trouve que dans ces trois circonscriptions administratives que l'on désigne ordinairement par «Altbayern» (Ancienne Bavière): à savoir en Haute–Bavière, en Basse–Bavière et dans le Haut–Palatinat. Ainsi, s'il faut distinguer entre le peuple allemand et les peuples allemands, en est-il de même pour les Bavarois de l'Etat de Bavière actuel. L'Etat bavarois qui a, lui aussi, ses lignes de rupture et ses failles intérieures, n'est devenu ce qu'il est aujourd'hui que forgé par une longue histoire. Ceci n'a rien de honteux ni de dévalorisant. Aucun Etat européen n'avait, il y a mille ans, la même configuration que sur les cartes contemporaines.

Les Bavarois (Baiern)

Mais un fait reste certain: l'historien ne peut commencer son exposé que par les Bavarois proprement dits (Altbayern), car ce sont eux qui ont donné leur nom à l'Etat tout entier et assuré sa permanence à travers les temps. «Altbayern» ou «Baiern» également, le «ai» remplaçant le «ay» et signifiant qu'il s'agit de l'ethnie.

Ou encore les «Baiwarii» ou «Baiowarii» dont l'existence est documentée pour la première fois vers le milieu du VIᵉ siècle et qui apparaissent essentiellement sur un territoire s'étendant de l'Enns en Haute-Autriche jusqu'au Lech et du Danube jusqu'à la frange alpine. A la suite de poussées ultérieures, ils occupent le pays s'enfonçant dans le massif montagneux qui, plus tard, s'appellera «Tyrol», puis montant vers le «Nordgau» qui deviendra le Haut-Palatinat (Oberpfalz). Quoi qu'il en soit, le noyau de l'espace vital de cette ethnie apparaît sur les atlas historiques comme un pentagone irrégulier s'enflant parfois sur un côté, se rétractant de l'autre, mais conservant malgré tout une étendue à peu près constante tout au long de l'histoire de l'Allemagne. Car si, depuis l'époque du duc Tassilo jusqu'aux empereurs du haut Moyen-Age, les Bavarois ont bien réalisé un véritable exploit en pénétrant jusqu'aux vallées alpines les plus inaccessibles de l'Autriche actuelle, il reste que ceci garde, du point de vue de l'Etat, un caractère épisodique. En effet, les territoires nouvellement peuplés se montrent, dès le début, fortement préoccupés de leur indépendance, tendance qui se traduit dans les faits pour la première fois en 976 par la sécession de la Carinthie (Karantanien) et triomphe totalement en 1156 avec l'établissement d'un duché indépendant dans la marche du Danube (Ostmark).

Mais ces considérations ne répondent pas à cette question: d'où viennent les «Baiwarii» du VIᵉ siècle? De l'est, sans doute, de «Baia», ce pays légendaire. Nous ne le savons pas avec précision. Sont-ils arrivés par vagues successives, ou bien y a-t-il eu une infiltration s'étalant sur tout un siècle? A cette question non plus, pas de réponse. Peut-être même l'espace entre le Danube et les Alpes a-t-il été le creuset où les éléments ethniques les plus divers ont donné naissance à un nouveau groupe ethnique. Mais nous avons une certitude, c'étaient des

Germains. Des paysans, bons enfants, irascibles, bons vivants, prodigues et superstitieux comme ils le sont encore à notre époque. Si l'on excepte la Basse-Saxe, ils ont donné naissance au duché ethnique le plus unifié et le plus indocile de tout l'empire des Francs de Germanie, et, sous Tassilo III au VIIIᵉ siècle, sous Arnulf le Méchant au Xᵉ siècle, ils avaient atteint une indépendance presque complète. Mais cet Empire, ils sont allés à lui, bras grand ouverts, lorsque l'un des leurs est devenu empereur: en 1002, Henri II, dit le Saint, issu de la lignée bavaroise de la dynastie ottonienne, auparavant Henri VI, duc de Bavière. Ce n'est pas par hasard que l'empereur Henri fut le fondateur de l'évêché impérial de Bamberg, situé certes dans les pays du Main et constitué d'anciens diocèses de Wurzbourg et Eichstätt, mais qu'il dota d'innombrables domaines situés sur le Danube, l'Isar et l'Inn.

Les Souabes et les Franconiens

A l'origine, la Souabe et la Franconie sont donc extérieures à la vieille Bavière. Il faut voir dans les Souabes des descendants de la grande tribu des Alamans qui, vers 260 après J.C., brisa définitivement la «frontière» et avança jusqu'au lac de Constance. Et au cours de ce même siècle qui vit leur apparition au cœur de la Suisse actuelle, ils occupèrent également la région entre l'Iller et le Lech: les Souabes sont donc là avant même que les Bavarois ne fassent leur apparition et le Lech est une frontière perméable. Aujourd'hui encore, en effet, on parle le dialecte souabe jusqu'à l'Ammersee et les doyennés les plus avancés de l'ancien évêché d'Augsbourg s'étendent jusqu'au cours supérieur de l'Isar et au cours inférieur de la Paar. Mais les Alamans sont soumis, plus tôt que les Bavarois et plus totalement qu'eux, à la loi du

Royaume des Francs et perdent leur famille ducale dès 746 par l'exécution de Cannstatt. Et lorsque le ban et l'arrière-ban des armées bavaroises se rassemblait sous le commandement d'Odilo ou de Tassilo pour combattre le roi des Francs, on se retrouvait sur les bords du Lech. Mais c'est justement l'étendue du Royaume qui explique que la zone entre l'Iller et le Lech, zone de rencontres et de combats, ait atteint à une certaine indépendance. C'est là que s'est assise la puissance de l'ancienne famille des Guelfes et c'est là également que, au Moyen-Age, les Staufer établirent leur cour. Si les Souabes forment un groupe ethnique distinct, de tous temps voisin des Bavarois et apparentés à ceux-ci – les pays du Main sont un poste avancé du grand royaume des Francs qui, en réalité, se concentrent sur les bords de l'Escaut et du Bas-Rhin. C'est donc une sorte de coin enfoncé entre les anciennes ethnies germaniques de la rive droite du Rhin, les Saxons et les Thuringiens au Nord, les Alamans et les Bavarois au Sud. Les caractères ethniques de ce bastion avancé apparaissent tout d'abord comme plutôt thuringiens. Sur les bords du Main supérieur, il y avait même des villages slaves. C'est seulement au fil du temps et des siècles que l'on assiste à un phénomène ressemblant à une «francisation» de l'espace compris entre le Jura et la forêt de Thuringe et, finalement, à un glissement de l'appellation «Franconie de l'Est» des pays du Rhin vers les bords du Main. Il est clair que, dans ces conditions, un duché indépendant n'avait pas la moindre chance de se constituer dans cette région. La Franconie, c'était le domaine royal, le berceau de l'Empire par excellence. Tout au plus les évêques de Wurzbourg s'efforcèrent-ils d'édifier une souveraineté «ducale» à partir du XIe siècle et, de fait, ils réussirent à doter leur somptueuse résidence baroque du titre honorifique de «Dux Franconiae» et à le faire figurer aux cieux du peintre Giovanni Battista Tiepolo.

Points communs et différences

Depuis l'empereur Henri II, dit le Saint, l'idée impériale s'impose tout autant à la «vieille» qu'à la «nouvelle» Bavière – pays d'empire l'une comme l'autre. Sur la place de la cathédrale de Bamberg, «les aigles, la nuit, déploient leurs ailes et dressent la tête» et les fers des coursiers «jettent des feux comme autant de croissants d'argent au firmament d'azur». Vers 1200, sous la dynastie impériale des Staufer, lorsque la poésie de cour atteint son sommet, Walther von der Vogelweide et Wolfram von Eschenbach connaissent leur période de maturité, et si tous deux appartiennent à l'ethnie bavaroise, tous deux ont su s'acclimater en pays franconien. Les grands princes, soutiens de l'empire et de la culture de cour, des hommes comme les comtes d'Andechs-Méranie, résident aussi bien dans la vieille Bavière que dans les pays du Main. Mais l'évêché impérial d'Eichstätt chevauche les trois ethnies, il est à la fois bavarois, souabe et franconien.
Et puis, si l'on considère l'ancienne ordonnance des églises et diocèses du pays, on constate certes que Bamberg est apparu plus tard, mais que sinon la structure des évêchés actuels remonte à Saint Boniface qui les a tous organisés dès le VIIIe siècle. Et bien avant Boniface, les missionnaires errants irlandais et écossais étaient passés par là et avaient joué un rôle décisif dans la christianisation du pays. Kilian à Wurzbourg, Erhard à Ratisbonne, Korbinian à Freising, Mang à Füssen, et enfin le contemporain et adversaire de Boniface, le grand Virgil de Salzbourg. Et si, de nos jours, en Bavière, on se salue encore de ces mots «Grüß Gott!» associant le nom de Dieu au salut quotidien, il s'agit d'une survivance du salut qu'échangeaient les moines de l'ancienne Irlande – «Go mbeannaighe Dia dhuit!»
L'empire est le dénominateur commun de la Bavière

actuelle, mais au-dessous on trouve l'église et le christianisme, et, en creusant plus encore, l'empire romain depuis longtemps enfoui. Bien avant qu'apparaissent les noms des Bavarois, Souabes et Franconiens, les Romains avaient occupé le pays et marqué la vie d'une manière décisive pendant un demi-millénaire. Augsbourg, Ratisbonne et Passau sont des villes romaines et d'anciens postes avancés de la culture méditerranéenne. Et, avant les Romains, il y avait eu les Celtes, qui avaient apposé l'empreinte de leur civilisation féodale primitive dans les régions entre le Main et les Alpes, avec l'apparition des premières agglomérations de type urbain, les enclos sacrés aux temples entourés d'enceintes, les «Viereckschanzen» (fortins en carré). «la continuité de l'histoire de Bavière» – elle commence, strictement parlant, avec les Celtes au IVᵉ siècle avant J.C.

Mais c'est justement cet élément de continuité qui prête à des différenciations. En effet, dès le demier siècle avant J.C., les Celtes des bords du Main cédèrent sous la poussée des tribus des Germains. Pour consolider la frontière des Alpes, les Romains se virent obligés, au cours de la campagne d'été en l'an 15 avant J.C., d'incorporer à leur empire les Celtes du Danube. Et nous retrouvons encore la ligne du Danube, cette fois en tant que frontière avec la Germania magna, car la muraille de pierre frontalière, le limes, avance juste assez pour permettre à une petite région souabe-franconienne de conserver le nom de la province romaine primitive – «Raetia», qui a donné son nom à notre «Ries» actuel.

Ainsi donc, en fait, seules les régions du sud du Danube connaissent cette continuité des Celtes romanisés jusqu'à l'infiltration des Bavarois et des Souabes. Non pas certes les sévères historiens, mais par contre, des essayistes, observateurs pénétrants, ont toujours reconnu des traits celtiques dans le particularisme ethnique bavarois: fantaisie, goût des formes et du franc-parler, des querelles et des bagarres, l'amour des chevaux comme par exemple dans le Rottal, dans l'Innviertel et dans les environs du Samerberg.

Les principautés territoriales

Peut-être le Saint Empire supranational du Moyen-Age, qui se comprenait lui-même comme la régénération de l'Empire Romain, n'avait-il été, en fait, qu'une grande idée et un beau rêve. Toujours est-il que, lorsque la plus brillante de toutes les dynasties impériales, lorsque la lignée des Hohenstaufen s'éteignit, l'empire éclata en d'innombrables seigneuries souvent minuscules justement là où se trouvaient les anciens domaines royaux. Nous avons tout à coup la diversité colorée de la Souabe, et bien plus encore, celle de la Franconie. Deux puissances séculières y rivalisent: Nuremberg, la grande ville impériale, et ses burgraves, les Zollern, qui édifient en deça et au-delà du «Gebürg» (montagnes de l'Alb et du Bergland franconien) leurs propres margraviats appelés, par la suite, du nom de leur ville principale «margraviat d'Ansbach» et «margraviat de Bayreuth». Et, d'un autre côté, les trois évêchés impériaux de Wurzbourg, Bamberg et Eichstätt. Enfin, coincés entre eux, bousculés et ballottés, les petites villes impériales et les comtés, les chevaliers impériaux et jusqu'à quelques villages impériaux. Ce monde morcelé se reflète dans la densité des villes, dans le partage successoral des fermes, dans le paysage de jardins autour de Bamberg et dans les vignobles des environs de Wurzbourg avec les murs qui les enserrent et leurs petits bâtiments d'exploitation.

Dans la vieille Bavière par contre, on conserve le duché unique, l'ancien pentagone que les Wittelsbach sauront élever au rang de principauté territoriale. Un territoire où le peuplement et l'Etat continuent de se correspondre, sous un ciel haut et dans de vastes frontières. En 1268, lorsque la lignée des Staufer s'éteint, cette même Bavière s'agrandit des domaines du jeune Conradin: c'est le premier pas au-delà du Lech.

Les évêques sont les seuls à endiguer quelque peu la puissance des Wittelsbach. Aussi bien celui d'Augsbourg que celui de Freising ou de Ratisbonne. Tous conservèrent le gouvernement théocratique de leurs villes-états. Et les évêques de Salzbourg comme de Passau purent édifier entre la Bavière et l'Autriche de véritables Etats champons ecclésiastiques qui, aujourd'hui encore conservent de cette époque des particularités culturelles qui leur sont bien propres.

Le Tyrol, le «pays dans les montagnes», fut l'enjeu de vives convoitises et les nouveaux ducs ne cédèrent que pas à pas. Ce n'est qu'en 1504 que l'empereur Maximilian établissait les frontières actuelles en faisant mettre bas à coup de canons la forteresse de Kufstein. Et aujourd'hui encore, partout dans l'Oberland, au hasard des randonnées en montagne: derrière les sommets, chacun devine le Tyrol.

Les Wittelsbach

C'étaient, en fait, des comtes de l'Ouest du pays portant à l'origine le nom du château de Scheyern, berceau de la famille dont ils firent le monastère familial. Ils étaient coléreux et pieux, de grands chasseurs devant le Seigneur, avant tout pleins de bravoure, de tempérament vif comme leur peuple lui-même. Leur fidélité inébranlable à la maison des Staufer leur valut, en 1180, d'être élevés à la dignité ducale et, dans leur politique territoriale, ils firent preuve d'une conséquence sans faille. Ils savaient qu'un village frontalier était plus important qu'un royaume lointain. Une seule fois, par le mariage qui les lia à la famille des Welf (Guelfes) et par l'investiture de 1214, ils osèrent faire le saut jusqu'au Palatinat rhénan. Mais ce Palatinat, ils le conservèrent fermement en main à travers les siècles – un lien qui, sans aucun doute, valut à la Bavière plus que le lion de ses armes. Et plus tard, Louis le Bavarois, grand protecteur des moines mendiants et des villes, fut le premier de sa lignée à porter la couronne impériale de 1314 à 1347. Il repose dans la crypte des princes de Notre-Dame de Munich.

Bien sûr, les Wittelsbach, tout comme les Luxembourg, les Habsbourg et les Wettin, considéraient les territorires acquis comme des biens de droit privé. Ils procédaient à des partages, se querellaient et ne surent pas mieux que leur rival, l'évêque, s'imposer face aux bourgeois de leur capitale séculaire, Ratisbonne. Et c'est ainsi qu'on voit apparaître une nouvelle résidence ducale, Landshut, qui rivalise avec Munich, plus ancienne, et finit même par devoir partager le rang de «capitale» avec Ingolstadt, Straubing et Burghausen. De l'autre côté, dans le «Bas-Palatinat», c'est Heidelberg qui devient le bastion des Wittelsbach, mais à partir de 1338, un statthalter palatin a son siège de ce côté-ci, à Amberg d'où il gouverne le «Haut–Palatinat», l'ancien Nordgau. Et bien plus tard, après 1505, à la suite du dernier partage, Neuburg sur le Danube vient encore augmenter le nombre de ces résidences. Et c'est ce Neuburg qui deviendra au XVIe siècle un important centre du maniérisme de cour.

La spécificité ethnique et l'art

Nous pourrions oublier ces partages territoriaux car, conformément aux lois de la maison des Wittelsbach, tout a fini par revenir aux mains d'un seul, même s'il a fallu, pour cela, parcourir les longues étapes de 1505, 1628 et 1777. Mais c'est justement à cette coexistence des capitales, ecclésiastiques et séculières, que la vieille Bavière doit la naissance de ses nombreux centres culturels. Peut-être la spécificité bavaroise se dégage-t-elle pour la première fois dans l'ancienne capitale des arts, Ratisbonne. En tout cas, le gothique finissant exprime admirablement l'essence de ce peuple, son goût profond pour le naturel immédiat, la vigueur de l'expression et même pour l'impétuosité rude et tout ceci culmine ici dans ce «style danubien». Il suffit d'évoquer Erasmus Grasser et l'humour de ses danseurs maures, Hans Leinberger et le flot de plis drapant ses madones, Albrecht Altdorfer et le crépuscule rougeoyant de ses paysages forestiers.

Par contre, la Franconie morcelée est beaucoup plus difficile à ramener à une formule car elle se compose de plusieurs Franconies, celles tout au moins du Main et de la Pegnitz, ou, si vous voulez, de Wurzbourg, et de Nuremberg. Mais il reste cette écoute de soi, le goût de l'examen prudent et de la réflexion, et la sensibilité nerveuse. Qu'on pense à Albrecht Dürer et à sa minutie appliquée, à Tilman Riemenschneider imposant à tout le pays des bords du Main la douce violence de sa volonté créatrice.

Mais la Souabe reste «l'Ombrie de l'art vieil allemand». On concurrence en beauté et en élégance, en profondeur et sincérité, en paix et aussi en douceur. Initialement, c'est Ulm qui est chef de file. Mais vers 1500, la suprématie passe à Augsbourg, l'autre grande ville impériale, ville commerciale, la ville des Fugger. Hans Holbein crée son œuvre de peintures empreintes de clarté; Loy Hering de Kaufbeuren cisèle la mélancolie silencieuse de Willibald assis dans la cathédrale d'Eichstätt.

Et cependant, les trois groupes ethniques ont tous en commun une certaine circonspection. Il leur manque ce courage qui fait aller de l'avant, et un certain degré d'assurance. Pour les Bavarois même, on a parlé de leur lourdeur; pour les Souabes, on a avancé leur caractère de songe-creux; et la «manière d'être vieille Franconie« est une expression évocatrice pour tous. Il semble que ce soit l'une des particularités inhérentes à ce peuple de reprendre les impulsions venues de l'extérieur, avec un temps de retard, certes, mais ensuite d'en amener les potentiels contenus à une ultime maturité. Il en est ainsi pour le gothique finissant. Il en sera de même pour le maniérisme. Et cela se répétera avec la fin du baroque. Il est également remarquable que, au cours de cette époque d'épanouissement, au tournant des XVe et XVIe siècles, ce peuple ait entrepris un nouvel effort de concentration politique avec l'établissement de «districts impériaux» individuels qui apparurent sous le règne de l'empereur Maximilien. Le «district bavarois» saute aussitôt aux yeux car il regroupe les parties de l'ancien pentagone y compris les Etats épiscopaux. Le «district franconien» rappelle vaguement l'actuelle Franconie même si le Spessart appartient encore à l'Electorat de Mayence. Quant au «distria souabe», il apparaît tout d'abord comme rassemblant les régions du Neckar et du lac de Constance; mais bientôt, on assiste à la formation d'une «région d'Augsbourg» indépendante sur les terres entre l'Iller et le Lech.

Réforme et Contre–Réforme

Née de la plénitude et de l'abondance du XVIe siècle, la Réforme allemande résulte de la grande tentative de conquérir non pas Dieu pour la Nation, mais la Nation pour Dieu. Martin Luther bouleversa tout le pays et ce sont justement les grandes villes impériales qui succombèrent à ses idées formant le triangle de force Nuremberg-Augsbourg-Ratisbonne aux côtés desquelles se rangèrent ensuite, comme tout naturellement, des villes

omme Weißenburg, Nördlingen ou Dinkelsbühl, Donauwörth, Kaufbeuren ou Memmingen. La conver-ion des margraviats et les réglements ecclésiastiques de Juremberg-Brandenburg, en 1533, jouèrent un rôle galement décisif: pour la première fois, la Franconie vangélique se profile avec ses presbytères et ses gymnases t l'on évoque l'époque où le père de Jean Paul occupait a cure à Joditz sur la Saale ou à Schwarzenbach. nitialement, il ne fut pas question d'idylle mais bien lutôt du grand conflit des confessions en train de se ormer. Car les Wittelsbach, en vieille Bavière, et leur euple avec eux, restèrent fidèles à l'ancienne foi et 'érigèrent très tôt en rempart du monde catholique. Il st possible que l'entêtement propre à ce groupe ethnique, ue les liens anciens avec le sud latin aient joué un rôle u début; mais il s'avère d'une importance décisive que a maison régnante joue un rôle d'initiateur du mouve-nent et s'identifie, chaque décennie un peu plus pro-ondément, avec le mouvement de renouveau catholique lont l'impulsion fut donnée au Concile de Trente. Non eulement les évêchés de la vieille Bavière, mais aussi Augsbourg, Eichstätt, Wurzbourg, Bamberg et l'Electo-rat de Mayence se virent enrôlés de fait dans les rangs de a Contre-Réforme conduite par la Bavière derrière aquelle se profilaient la Curie et l'empire espagnol. Ce 'est que sur cette base qu'il fut possible, en 1583, de 'emparer de l'archevêché de Cologne: celui-ci affermis-ait le catholicisme sur le Rhin inférieur et, pendant près le deux siècles, ce fut toujours un prince de la famille les Wittelsbach qui porta le chapeau d'Electeur de Cologne et la mitre des diocèses voisins Liège, Munster u Hildesheim.
Cette évolution culmine sous le règne du duc, puis Elec-eur Maximilien Ier (1597–1651) qui, pendant la guerre le Trente Ans, fit se ranger la Bavière, comme cela llant de soi, aux côtés des puissances européennes. Il imprima à tout l'espace bavarois la marque de sont atti-tude absolutiste en matière confessionnelle et sa forme de piété baroque – Maximilien, le grand réactionnaire qui éleva une digue contre le cours du temps, qui chercha l'éternel entre un hier illimité et un demain infini.

Le rococo bavarois

Pour tout le pays, le baroque est devenu un style artisti-que et un style de vie dominant dont les effets se font encore sentir à l'aube de notre époque et, à propos de la vieille Bavière, on a lancé la formule énonçant la coïnci-dence entre le «Bavarois et le baroque». Mais à Nurem-berg, on trouve aussi l'aristocratique baroque littéraire de «L'Ottre tes Fleurs de Pegnitz« et dans le Fichtel-gebirge ou dans la Forêt de Franconie, on trouve encore dans certaines églises de villages perdus un «baroque de margraviat» paraissant presque catholique. Et ce baroque n'était pas une création de seconde main, bien au contraire, partout on allait le chercher directement de l'autre côté des Alpes et on y ajoutait, ici ou là, une forte coloration empreintée au genre espagnol.
Jusqu'à ce que le rococo arrive et apparaisse comme l'autolibération du baroque rejetant une charge par trop lourde, par trop emphatique. Naturellement, les pre-mières impulsions viennent de France avec laquelle la Bavière entretient une alliance étroite depuis près de deux cents ans. Ce style culmine avec le «Blauer Kur-fürst» Max Emanuel qui, pendant la grande guerre de succession au trône d'Espagne, fut l'un des principaux alliés de Louis XIV, ce qui, malheureusement, lui valut la défaite de Hoechstädt et Blindheim en 1704 et un long exil en Belgique et en France. Le grand maître d'œuvre de la cour de Max Emanuel, Josef Effner, avait été élève

de Boffrand et, en 1724, lorsque François Cuvilliés rentre à Munich après son séjour à Paris, le nouveau style l'accompagne dans ses bagages pour ainsi dire. Mais par la suite, il ne s'agit plus d'un phénomène touchant seulement la cour mais s'étendant au peuple: maîtres-maçons, sculpteurs sur bois, stuccateurs et fresquistes, tous originaires du pays répondent à la gaieté de salon des Français par l'allégresse de leurs églises rococo. Les nombreux monastères anciens, sièges de grands prélats, dispersés dans le pays, entretiennent partout des églises de pélerinage et des «cures incorporées» et jouent le rôle déterminant de protecteurs et d'initiateurs. La célèbre église de Wies, près de Steingaden, n'est que la plus belle expression d'un phénomène européen. Mais jusqu'à la salle basse de la maison du paysan s'éclaircit tout à coup; dans la «belle salle» on trouve le bahut de Tölz aux riches couleurs; et dans le coin réservé au crucifix, les peintures sur verre de l'Oberland ou de la Forêt de Bavière rayonnent doucement. Ce rococo bavarois envoie ses rayons jusqu'en Haute-Autriche et dans les vallées montagnardes du Tyrol, s'étale largement surtout vers la Haute-Souabe et atteint même le lac de Constance. C'est seulement dans les pays du Main qu'il se heurte à la barrière du grand «style impérial» des évêchés de Franconie. Par contre, le rococo de Bayreuth et de la margrave Wilhelmine est un phénomène bien particulier, à la fois capricieux et raide à la manière prussienne, dosé d'une forte pointe de philosophie des lumières et d'esprit voltairien.

L'Etat de Montgelas

La philosophie des lumières, elle avait fait des débuts bien spécifiques sur les bords du Main et également au sud du Danube, mais elle fut étouffée lorsque la peur de la grande révolution saisit les autorités. Et c'est ainsi que, pour ce pays, l'ouverture dut venir de l'extérieur à l'époque de Napoléon et qu'il fallut un ministre tel que le baron, futur comte Montgelas, pour lui apporter la révolution d'en haut. Montgelas, ce Bavarois d'origine franco-savoyarde, sut tenir la barre de l'Electorat de Bavière au milieu des tourmentes les plus rudes. Mais il a aussi, pour la première fois, fait sauter les limites étroites du territoire ethnique et a largement étendu sa nouvelle Bavière aux provinces souabes et franconiennes, il lui a donné ses frontières actuelles, y compris le Palatinat rhénan qui lui fut imposé en 1816 en échange de Salzbourg. Et bien que cela réprésentât en tout 83 territoires différents, sans compter les domaines des chevaliers ni les villages impériaux, et au mépris des données et des faits établis, agissant au nom de la seule raison, Montgelas les a tous fondus en un nouvel Etat monolithique, centralisé et d'une unité rigoureuse. Le principe le plus important en était l'égalité des confessions – en dépit du fait que, ainsi que le montre un simple coup d'œil aux statistiques, aucun autre Etat allemand n'avait absorbé autant de territoires ecclésiastiques en proportion de sa surperficie. Mais le symbole concret de cette nouvelle unité, c'était la couronne royale que Max Ier Joseph posa sur sa tête le premier janvier 1806. Cet événement, bien sûr, avait une justification historique: grâce à la fidélité inébranlable de ses sujets et grâce à l'attachement dont tous avaient fait la preuve admirable, l'Etat bavarois avait retrouvé sa dignité première.

Galerie des rois

Après l'extinction de la lignée bavaroise des Wittelsbach en 1777, la continuité de l'Etat fut assurée par la branche palatine de la famille. Et comme ces Palatins étaient euxnêmes venus de l'extérieur, ils facilitèrent la soudure du nouvel Etat de Bavière. C'est ainsi que Louis Ier, le roi romantique, né à Strasbourg, est devenu le véritable continuateur de ce que Montgelas avait entrepris. Il rendit à ses peuples la fierté de leur passé, s'efforça d'insuffler une nouvelle vie au rigide Etat de Montgelas par les forces de l'histoire et de la foi. C'était un protecteur des arts généreux et ardent, un homme qui s'était mis en tête de «faire de Munich une ville qui ferait si bien honneur à l'Allemagne que quiconque n'aurait vu Munich ne connaîtrait pas l'Allemagne». Il n'a reculé que face aux exigences de la Révolution de 1848 car il n'était pas seulement un grand roi, au plus profond de son cœur, il restait un autocrate de l'eau la plus pure.

De tous les rois bavarois, le fils de Louis, Max II, est au premier abord le plus poid mais aussi le plus attirant du point du vue humain lorsqu'on y regarde de plus près. Un roi qui, toute sa vie, se montra désireux d'apprendre, était libéral au meilleur sens du mot et éleva les sciences au même rang que les arts. Généreux dans ses entreprises, c'est à lui que l'Université de Munich doit la célébrité de ses érudits en Europe et il réunit autour de lui une école de poètes pétrie de culture et de forme sévère. Il mourut en 1864, beaucoup trop tôt pour son pays.

Le brillant Louis II se fait le noble dilapidateur du royaume, le cocréateur de l'œuvre musicale dramatique de Wagner, à la fois Parsifal et Louis XIV dans les lointains châteaux de contes de fées. L'Etat lui échappe, certes, ainsi que la Bavière elle-même, que la diplomatie de Bismarck a ramenée au sein du nouveau Reich, mais en revanche, l'idée de royauté s'exile dans un univers de rêve et d'imagination. «Roi, le seul vrai roi de ce siècle, salut, Sire!» écrit Paul Verlaine en 1886.

La Constitution de 1818

Peut-être était-ce vraiment ainsi, peut-être la Bavière ne fut-elle réellement gouvernée ni par Louis II ni par le prince-régent Luitpold, mais bien plutôt par les ministres. Et cette situation aurait duré de 1864 jusqu'à la Première Guerre Mondiale. Mais ils ont bien gouverné et, même au sein du Reich de Bismarck, ils ont conservé au pays sa situation privilégiée garantie par une charte. Et puis, la Bavière avait toujours sa propre Constitution qui faisait du roi le détenteur de tous les pouvoirs – une de ces vénérables constitutions de la période du Vormärz (période précédant 1848) –, constitution adoptée dès 1818. Certes, à l'origine, la Constitution bavaroise n'avait été qu'une concession accordée par la couronne aux nouvelles régions du pays qui garantissait simplement le droit fondamental des Etats de se constituer en diètes se réunissant régulièrement, le droit d'accepter l'impôt et de participer à l'élaboration des lois. Mais, au fil des années, ces diètes se révélèrent justement comme un lien interne de l'Etat aux couleurs «blanc et bleu.»

L'impulsion la plus importante émana de la diète extraordinaire de 1848 qui adopta quatorze lois décisives en l'espace de quinze jours, parmi elles la loi «De l'abrogation des juridictions des seigneurs et des propriétaires terriens et de l'abrogation, fixation et du rachat des servitudes foncières». Nous ne voulons pas nous faire l'écho de ceux qui parlent ici, un peu vite, «d'abolition du servage», mais c'est seulement à partir de cette date que le paysan fut véritablement libre, que la communauté villageoise put vivre les yeux tournés vers cet admirable XIXe siècle dont témoignent les tableaux d'un Wilhelm Leibl ou les livres d'un Ludwig Thoma. Que la Bavière fut un pays à vocation rurale, on n'a cessé de le proclamer avec fierté. En dépit des exploits d'inventeurs bavarois, de Senefelder à Rudolf Diesel, l'industrialisation ne s'est faite qu'avec beaucoup de retard. Seules d'anciennes villes impériales aux vieilles traditions artisanales, comme Nuremberg et Augsbourg, ont osé s'aventurer dans ce domaine, de toutes les provinces, seules la Haute-Franconie et le Palatinat rhénan se hasardèrent sur cette voie.

Et Munich brillait

Mais l'aspect le plus étonnant de ce XIXᵉ siècle, c'est l'évolution de Munich, résidence royale, au milieu de sa vaste plaine au pied des montagnes, devenant de plus en plus un centre d'attraction pour tout le pays. Elle surpassa alors de beaucoup la capitale des arts de Louis Iᵉʳ ou la capitale culturelle de Max II et, sous le prince-régent, Munich était devenue, à mi-chemin entre Paris et Vienne, le point de rencontre d'une jeunesse venue de tous les pays. Munich qui s'étirait dans toutes les directions de la rose des vents, montait à l'assaut du ciel avec ses coupoles, ses pignons et ses tours se multipliant, poussait dans la campagne verte les tentacules de ses rues charriant des flots humains. Avec ses façades et ses places presque méridionales, tout inondées de lumière et baignant dans une allégresse secrète. Et l'un de ses faubourgs s'appelait Schwabing, un nom qui évoquait tout une conception du monde à lui seul.

Dr Georg Hirth éditait son inoubliable revue «Jugend» et Albert Langen fondait le «Simplicissimus». La vie gravitait autour du «prince des peintres» Franz von Lenbach avec son inflexible «Ça ne va pas comme ça»; autour de la «Sezession» et du nouvel impressionnisme; autour des «Blaue Reiter» et des premiers tableaux abstraits. Stefan George fondait un groupe où les disciples entraient comme en prêtrise; Frank Wedekind, lui, se faisait chansonnier et célébrait les puissances du mal. Le

tout ponctué de fêtes d'artistes et de bals de carnaval, et, à la Fête de la Bière de 1901, Franz Blei mangeait un poulet grillé à la broche avec un certain Monsieur Oulianov Lénine: «Il avait un sens de l'humour qui allait de pair avec un charme non moins grand ainsi qu'on le rencontre souvent chez des hommes qui sont sûrs d'eux-mêmes et de leur cause . . . il n'avait pas bonne opinion de la puissance de l'intelligence humaine, et après avoir émis cet avis, il s'est mis à parler de la bière avec son autre voisin.» Naturellement, lorsque, plus tard, en 1918, l'Etat et la Constitution connurent leur grande crise, c'est Schwabing qui lança le mot d'ordre de la Révolution. Et c'est précisément dans cette Bavière conservatrice que tomba la première couronne et que l'on fit payer au roi une note qui, en fait aurait dû être présentée à l'empereur. Munich traversa de son mieux la période troublée de l'après-guerre jusqu'à ce que perce, dans la vie culturelle et quotidienne, un quelque chose qui ressemblait à une variante bavaroise des «Folles Années Vingt». Richard Strauss a vécu dans cette ville à partir de 1924.

Le plat pays au-dehors se réveillait comme au sortir d'un rêve. Il secouait le charme sous lequel le tenait la capitale depuis un siècle. On assistait à un renouveau de l'attachement au «pays» et de la chanson populaire, à des manifestations patriotiques des monarchistes, les fêtes traditionnelles de fusiliers, les spectacles en plein air, les processions se multipliaient. On devenait spectateur de son propre passé dans une soudaine transfiguration poétique.

La Bavière en Europe

Pour autant que cela fasse sourire: le sentiment d'appartenir à l'ethnie des origines, l'attachement à l'idée de l'Etat tel qu'il s'était formé au XIXᵉ siècle, c'est ce qui a assuré la cohésion de la Bavière. Même après 1933, lorsque la souveraineté des laender fut confisquée par le Reich nazi; et même en 1945, alors qu'il n'y avait plus rien qu'une énorme faillite. Dès 1946, on édifiait un toit de secours en élaborant une nouvelle constitution bavaroise et la perte du Palatinat rhénan démantelé ne faisait qu'augmenter encore l'homogénéité du territoire national. En 1949, on n'accepta le Provisorium de Bonn qu'avec réticence, par un faible oui dans la presse et un grand non au parlement.

Mais la Bavière a encore changé de visage au cours des vingt dernières années. Munich est devenue une métropole internationale et, dans les statistiques de la population active du pays tout entier, partout l'ouvrier et l'employé ont pris le relais du paysan. A ceci s'ajoute l'intense migration interne en Allemagne; elle se déclencha sous la pression des événements de 1939 et se poursuit jusqu'à aujourd'hui en poussées continues. Au point que ce que les vieux statisticiens appelaient encore avec bienveillance «le gain dû aux migrations» est devenu une vague qui menace de submerger Munich. Par contre, la Forêt de Bavière ou le Haut-Palatinat, de vastes régions de la Bavière rurale se vident lentement mais continuellement de leur population . . . mais seulement, il s'en trouve toujours bien un pour s'asseoir et parler d'histoire, parler du malaise devant tant de choses nouvelles et pour dire qu'il voudrait conserver sa «royale tranquillité bavaroise». Les Ecossais, les Bavarois, les Géorgiens, les Monténégrins, les Basques ils – se ressemblent tous un peu. Ils ont tous un certain sentiment de leur valeur qui, né du contentement de soi, n'est pas facile à détruire.

Et si la nouvelle Europe doit devenir une Europe des patries ou, bien mieux, une Europe des régions, il faut, pour l'édifier, un optimum humain. Un pays qui joue tous les atouts offerts par la diversité de ses paysages et de ses traditions et formant pourtant un tout solide et réconfortant. Qui puisse encore être gouverné autrement que selon un canevas stéréotypé. Un pays où il y a encore assez d'espace pour respirer mais dont les frontières, pas trop éloignées, préservent du vertige des lointains. Le fruit de plus d'un millénaire d'histoire qui vous concerne et vous porte, vous donne la certitude de la permanence.

Un optimum humain: nous aimerions et pouvons sans doute croire que le royaume «blanc-bleu» du XIXe siècle en était un – et que l'Etat libre et démocratique du XXe siècle pourrait continuer d'en être un.

BAVIERA

Benno Hubensteiner

Per uno straniero che viene da lontano, la Baviera a prima vista si presenta come un paese folcloristico, gaio e multicolore. Dappertutto spuntano i tipici cappelli di peluche, i pantaloni di cuoio e rumorose orchestrine di ottoni; le donne vestono i cosidetti dirndl con le gonne al vento ed i bustini attillati; tutto soffuso dalla birra che dovunque viene venduta nelle birrerie; qui persino le risse fanno parte del folclore, sempre seguendo il motivo: «più rozzi si è, più divertente è…»
Analizzando poi più attentamente, ci si accorge che questo atteggiamento semmai fa parte della Baviera Alta. Ed anche qui soltanto con molti «se» e «ma»… È un clichè valido per il turismo, per il teatro focloristico e per la televisione.
La Baviera originariamente è uno stato antico, anzi, uno dei più antichi d'Europa ed è stato proprio un governo social-liberale, che trent'anni fa, ha istituito i pali di frontiera con il cartello «Stato libero della Baviera». Lo ha piantato vicino al cartello con l'aquila della nuova Repubblica federale.
Guardando sulla mappa l'Europa centrale, vediamo che lo stato della Baviera come estensione è grande come l'Austria e quasi il doppio della Svizzera; della Germania federale occupa tutto il meridione orientale. La Baviera è una regione politica sempre esistita, che non sorse artificialmente dopo la disfatta 1945. Un paese ben radicato nella storia, sviluppatosi tra i fiumi Iller e Inn e Salzach, dalla foresta Spessart ai monti del Karwendel: nascosta nell'ombra della muraglia delle alpi, protetta dalle foreste della Boemia, e confinata nel settentrione dalle montagne del Mittelgebirge. Arteria conduttrice rimane però il Danubio. Raccoglie le acque del Fichtelgebirge e da Silvaplana, dolcemente trapassa in Austria come già aveva mostrato agli eroi dei Nibelunghi. Nulla riesce a contrapporre a questa mole il settentrionale Meno al quale il Danubio manda incontro da lontano i suoi affluenti;

deve accettare che l'asse fluviale centrale occidente-oriente che passa i Balcani per sfociare nel Mar Nero abbia un contrappeso settentrionale inverso, volto verso ovest, che collega la Baviera con la Renania e coi Mari del Nord.
Alle sponde del Meno risiedono i Franchi. Il Danubio Superiore passa per la Svevia. Bavaresi autentici però risiedono soltanto nelle tre province della cosidetta «Baviera antica»: l' «Alta» e la «Bassa Baviera» ed il Palatinato settentrionale. Cosí come i tedeschi sono un popolo formato da tribù tra di loro differenti, lo sono anche i bavaresi, raggruppati nei loro odierni confini di stato. Ed anche lo stato bavarese stesso è sorto soltanto dopo molte convulsioni, incoerenze, dopo un lungo, talvolta doloroso processo storico fino ad essere ciò che oggi rappresenta. Non c'è da vergognarsene ne è un demerito. Nessuno stato moderno, un millennio fa, era cosí, come oggi si presenta nelle cartine geografiche.

I Bavaresi

Agli albori della storia della Baviera troviamo i cosidetti «bavaresi antichi», i «Baiern» che diedero anche il nome alla regione. In quei tempi gli indigeni scrivevano il nome della loro tribù con la «i»; esisteva però anche la versione, forse anteriore ancora, dei «Baiwari» o «Baiowarii». Questo modo di scrivere lo troviamo documentato per la prima volta verso la metà del 6. secolo p. C. La regione tra Enns nell'Austria settentrionale ed il fiume Lech, tra Danubio e le Alpi era la loro patria. Più tardi si estenderanno verso le montagne della regione che si chiamerà Tirolo e verso nord nel futuro Palatinato settentrionale. Insomma, la regione colonizzata dai bavaresi originari ha la forma approssimativa di un rozzo pentagono con dei contorni qua e là ammaccati o gonfiati.

Il territorio stesso nella storia della Germania si presenterà come una certa costante. Il maggior merito dei Bavaresi antichi, dal duca Tassilo agli Imperatori dell'alto Medio Evo: l'aver socchiuse le vallate alpine dell'odierna Austria, anche se tutto sommato, rimase storicamente per lo stato un episodio irrelevante. La colonia fin dallo inizio mostra forte tendenza di indipendenza e nel 976 si avvera la scissione della Karantania e nel 1156 la nomina a libero marchesato del Danubio.

Ció non risolve ancora l'enigma, da dove siano venuti i «Bawarii» del 6. secolo. Probabilmento dall'oriente da un leggendario paese chiamato «Baia». Di certo non si sa niente. Tantomeno se siano venuti tutti in una volta o a poco a poco nei secoli in piccoli gruppi. Forse hanno formato tribù omogenea soltanto dopo essere arrivati nella regione tra il Danubio e le Alpi. Di provenienza germanica erano di sicuro. Erano contadini, bonaccioni, iracondi, esuberanti, spendaccioni e superstiziosi – insomma, come ancora oggi sono. A parte la tribù della Bassa Sassonia, i bavaresi sono gli unici che sotto l'Impero Francone–Tedesco si presentano come un Popolo omogeneo e sono talmente ribelli ed ostinati, che il loro duca Tassilo III. nel 8. secolo, e più tardi nel 10. secolo, guidati da Arnulf «il cattivo», avrebbero raggiunta quasi l'indipendenza assoluta dall'Impero. Fautori del regno divennero soltanto allorchè uno dei loro, duca Heinrich IV. della «linea» bavarese degli Ottoni doveva investire la corona imperiale col nome di Heinrich II.,il Santo. Fù coronato nell'anno 1002. Non a caso l'imperatore Heinrich II. era anche il fondatore del Vescovato Imperiale di Bamberg: situato nella regione del Meno ne facevano parte le diocesi di Würzburg e di Eichstätt ed ebbe in dotazione estesi poderi ricchi sul Danubio, sull'-Isar e sull'Inn.

Svevi e Franconi

Per un indigeno bavarese di quei tempi gli Svevi ed i Franconi erano da considerarsi degli stranieri. Gli Svevi fanno parte degli Alemanni, che nel lontano 260 a.C. infransero il «limes» romano e si spandevano fino al lago di Costanza. Nel quinto secolo si insediarono sia nella Svizzera centrale che nella regione tra Iller e Lech: perciò gli Svevi erano già indigeni, quando apparirono i Bavaresi ed il Lech fungeva da frontiera. Ancor oggi il dialetto svevo si estende fino al lago Ammersee, e l'antico vescovado di Augusta con le sue diocesi attinge fino all'Isar ed al fiume Paar.

Gli Alemanni vengono soggiogati prima dai Franconi e perdono la loro sovranità gia nel 746 con l'esecuzione di Canstatt. Ogni volta che l'esercito bavarese si ribellò contro i Franconi, sia sotto Odilo o Tassilo la frontiera era sempre sul Lech. La vastità del Regno Francone è anche una spiegazione come tra Iller e Lech si sia formata un specie die zona neutrale. Qui poterono emergere i Guelfi e nell'alto medioevo qui si manifesto la potenza degli Staufen.

Mentre gli svevi sono una tribù originaria e fin dall'inizio buoni vicini dei bavaresi – il territorio Mainland è un avamposto del regno dei Franconi, che originariamente provengono dalla Schelda e dal Reno inferiore. Per modo di dire, una specie di cuneo tra le antiche tribù sulla sponda destra del Reno: Sassoni ed i Turinghi a nord, Alemanni e Bavaresi nel sud.

L'aspetto di questo avamposto era piuttosto influenzato dalla Turinghia, esistevano persino paesi prettamente di carattere slavo. Però, col passar dei secoli, s'impone la mentalità francone in questo territorio tra Giura e Thüringer Wald e perfino prende il nome «Franconia orientale», prima usata soltanto per la regione della Renania. Ovvio che in questo territorio un ducato proprio non poteva manifestarsi. La Franconia era un paese di Re e di Imperatori per antonomasia. Soltanto i vescovi di Würzburg fin dal 11. secolo cercarono di mantenersi una certa indipendenza ed un potere simile ad un ducato; il titolo onorifico di «Dux Franconiae» riuscirono nel 18. secolo a inserirlo nella soffitta della loro fastosa residenza, dipinta a cielo da Giovanni Battista Tiepolo.

Ciò che accomuna. Ciò che divide.

Da partire dall' Imperatore Heinrich II., il Santo, l'idea del regno unificato è valida sia per i Bavaresi degli antichi che dei nuovi territori. Anche se sulla piazza del Duomo di Bamberg ancora «le aquile di notte si ribellano» e i «cavallini con zoccoli come l'argentea luna, danno calci nell'aria».. Verso il 1200 sotto gli Imperatori degli Staufen la poesia di corte raggiunse i massimi livelli con Walther von der Vogelweide e con Wolfram von Eschenbach, probabilmente due poeti di lingua bavarese, che però ben si sono adattati alla corte dei Franconi.
Le grandi dinastie che sorreggono il regno e la sua cultura di corte – uomini come i conti di Andechs-Meranien risiedono sia nella Baviera antica che nel Mainland. Il vescovato dell'Impero Eichstätt si trova sull' intersecazione del triangolo delle regioni della Baviera, della Svevia ed anche della Franconia.
Osservando l'antica situazione della chiesa e delle diocesi si nota che soltanto Bamberg è nuovo, mentre gli altri vescovati come si presentano sono già stati istituiti da San Bonifacio nel 8. secolo. E già prima di Bonifacio c'erano i missionari e predicatori provenienti dall'Irlanda e dalla Scozia ed avevano propagato il cristianesimo. Kilian a Würzburg, Erhard a Ratisbona, Korbinian a Freising, Mang a Füssen e come coetaneo ed avversario di San Bonifacio a Salisburgo il grande Vergilio. Il saluto

bavarese «Grüß Gott» è una reminiscenza pervenuta dall'antico irlandese «Go mbeannaighe Dia dhuit».
Il regno imperiale con la chiesa ed il cristianesimo erano i fattori che accomunavano la Baviera dopo la scomparsa dell'Impero Romano. Lungo tempo prima che esistevano Bavaresi, Svevi o Franconi questi territori erano già stati occupati dai Romani che per più di un millennio ne reggevano le sorti. Augusta, Ratisbona e Passavia sono città romane ed antichi avamposti della cultura mediterranea. Ed ancor prima dei Romani la regione tra le Alpi ed il Meno apparteneva ai Celti, con la loro cultura feudalistica che avevano costruito centri abitati con tempi-città protetti da enormi terrapieni cosidette «Viereckschanzen». La tanto citata «continuità della storia bavarese», inizia esattamente nel 4. secolo a.C. con l'avvento dei Celti.
Ma proprio questa continuità sembra soltanto tale: i Celti nel 1. secolo a.C. evitarono un confronto con le invadenti tribù germaniche. Per assicurare la frontiera lungo le Alpi, i Romani dovettero nella campagna estiva dell'anno 15 a.C. riinserire i Celti residenti sul Danubio. E di nuovo il Danubio fa storia: questa volta come confine della Germania Magna, giacchè il pitreo limes includeva soltanto una minima parte del territorio svevo-francone che ancor'oggi si chiama Ries, a ricordo dell'antica denominazione romana «Raetia». Perciò soltanto il territorio a sud del Danubio vanta questa continuità dai celti romanicizzati ai bavaresi e successivamente agli svevi. Piuttosto gli scrittori che gli storici da sempre hanno individuato una certa componente celtica nel carattere della tribù bavarese: la fantasia il voluttuoso piacere delle forme, il divertimento d'esagerazione, fare a cazzotti e combattere, la dedizione all'equitazione ed ai cavalli, come ancor oggi nel Rottal nel regione sull'Inn ed attorno Samerberg viene praticato.

Forse il Regno Sacro sovranazionale del medioevo, che voleva essere il successore dell'Impero Romano è stata solo una grande, futile idea, un magnifico sogno, una chimera. Quando con i Hohenstaufen si estinse il più illustre e magnifico casato imperiale il regno si disfece in tanti piccoli e piccolissimi casati e contee. Da quei tempi abbiamo questa vivace multireggenza nella Svevia, ed anche nella Franconia. Due poteri laici che rivaleggiano: la grande città imperiale di Norimberga ed i suoi conti castellani, gli Zollern che sotto e sopra la regione di montagne, Gebürg, investono i loro marchesati, che più tardi verranno chiamati Marchesato di Ansbach e Marchesato di Bayreuth dalle cittadine vicine. Dall'altra parte stanno i tre grandi Vescovadi Imperiali di Würzburg, Bamberg ed Eichstätt. E tra queste due potenze un'infinità di piccole città libere dell'Impero, contee, Cavalieri e paesi dell'Impero. Questo microcosmo politico-statale si rispecchia nelle sovraffollate città, nelle leggi ereditarie nel paesaggio-giardino attorno a Bamberg e nei vigneti con i muretti e le casupole minute che circondano Würzburg.

Nella Baviera antica invece il pentagono delle frontiere rimane intatto e viene trasformato dalla dinastia dei Wittelsbach in un regno separato. Un territorio ove la tribù e lo stato politico sono identici, con un ampio cielo e frontiere ben definite. Nel 1268, estintosi il casato reggente degli Staufer, la Baviera si incorpora il territorio del giovane Konradin. Era questa la prima annessione bavarese, oltre le sponde del fiume Lech.

Soltanto contro i vescovi i Wittelsbacher non riuscirono, ad imporsi. Ne contro quello di Augusta ne contro quello di Freising e nemmeno contro quello di Ratisbona. Tutte e tre rimasero città regnate teocraticamente. I vescovi di Salisburgo e di Passavia poterono estendere ed ingrandire la loro influenza, tanto che ancor oggi se ne risentono le riflessioni culturali in codeste province.

Il «paese delle montagne» la regione del Tirolo, fu molto combattuto ed i nuovi duchi si ritirarono soltanto un po'per volta. Ancora nel 1504 l'Imperatore Massimiliano era costretto a bombardare il baluardo Kufstein per poter marcare le frontiere ancora oggi vigenti. E dovunque nell'Alta Baviera si sente ancor oggi, ogni turista la sente, la vicinanza del Tirolo.

Il casato dei Wittelsbach

Originariamente erano conti nominati Scheyarn, secondo il loro castello, che poi fecero a convento, venuti dall'ovest della regione. Erano iracondi e pii, grandi cacciatori, gente prode di temperamento focoso come la tribù stessa. La fedeltà verso il casato degli Imperatori Staufer comportò la nomina a duchi nel 1180 mentre come politici erano di un'incredibile ferocia e durezza. Erano consapevoli del fatto che un paese sulla frontiera è più importante di qualsiasi regno lontano. Soltanto una volta, con il cosi-detto «matrimonio guelfo» e con l'investitura del feudo del 1214 osarono una estensione nella contea del Palatinato Renano. Ma tradizionalisti che erano, questo contea se la tennero poi per secoli – un legame che indubbiamente comportava di più che soltanto il leone guelfo come emblema nello stemma bavarese. E Ludwig il Bavarese che era il grande mecenate dei Frati mendicanti e delle città portò dal 1314 al 1347 come primo del suo casato la corona imperiale. È sepolto nella cripta regale della Frauenkirche a Monaco.

Certamente anche il casato dei Wittelsbach, come quello dei Luxemburg, dei Habsburg o dei Wettin, considerò ogni territorio conquistato come una cosa prettamente di loro privata proprietà. La divisero, si bisticciarono, e

43

nemmeno poterono far valere i loro diritti contro i loro sudditi nella loro capitale Ratisbona, accomunati nel destino al vescovo, l'altro potere cittadino. Così, poco dopo installarono la loro residenza ducale a Landshut, che rivaleggia con la più antica Monaco ed infine deve dividersi il rango di «capitale» con altre città: Ingolstadt, Straubing e Burghausen. Nel Palatinato meridionale Heidelberg diventa l'avamposto dei Wittelsbach, dal 1338 però vi risiede anche un luogotenente del Palatinato qui ad Amberg e governa il Palatinato settentrionale, l'antico Nordgau. Come ultima città residenziale nel 1505 viene nominata Neuburg sul Danubio, risultato dell'ultima scissione, per così dire. Però proprio questo Neuburg nel cinquecento diverrà un centro importante dell' arte cortigiana del manierismo.

Le particolarità etniche e l'arte

Possiamo dimenticare le diverse suddivisioni del territorio, perchè secondo le leggi insite dei Wittelsbach tutto infine ritornò di nuovo a riunificarsi anche se si verificò in diversi periodi: nel 1505, nel 1628 e nel 1777.
Però proprio questo assieme equiparato delle capitali sia religiose che laiche, creò in Baviera altrettanti centri culturali. Forse si manifesta per la prima volta nella città d'arte Ratisbona. Insomma, il tardogotico emana quell'originalità propria della tribù, la gioia, la concretezza dell'impatto con la natura, la forza insita, il rozzo e rude, che culmina nel cosidetto «Stile Danubiano».
Ricordiamo solo l'umorismo dell'intagliatore in legno Erasmus Grasser e le sue sculture moresche, Hans Leinberger e la lascività delle vestaglie delle sue Madonne, attingiamo ad Albrecht Altdorfer con i suoi magnifici tramonti in mezzo ai paesaggi boscosi.
La Franconia talmente spezzettata fa molto più fatica a trovare uno stile unitario, semmai lo trovano le regioni rivolte verso il Meno e verso il Pegnitz, ovvero Würzburg e Norimberga. L'indole ponderata, il ripensarci e la sensibilità nervosa rimangono intatte. Si vedono Dürer e Tilman Riemenschneider, che imprimono al paesaggio sul Meno la loro potenza stilistica.
La Svevia invece si profila come l'Umbria dell'arte tedesca. Si discute sulla bellezza e signorilità, sulla insita quiete e dolcezza. Inizialmente si fà avanti Ulm. Verso il 1500 però prende il sopravvento Augusta, l'altra grande città dell'Impero, la città commerciale, la città dei Fugger. Hans Holbein il Vecchio eccelle con la sua arte pittorica; Loy Hering, uno scalpellino di Kaufbeuren plasma la malinconia muta di Willibald, la figura seduta nel Duomo di Eichstätt.
Tutte e tre le tribù hanno però in comune quella circospezione, quella mancanza di un po' di coraggio di avanguardia, di un po' di fiducia in se stessi. Dei Bavaresi antichi si parlò di flemma, gli svevi sono piuttosto gente propensi al surreale. L'indole degli antichi Franconi invece è ormai proverbiale; fa parte, potrebbe sembrare, di questo paese di accettare impulsi provenienti da fuori soltanto molto tardi, però interpretarne attitudini insite per poi portarle alla maturità. Così anche col tardogotico, e col manierisimo, e col tardobarocco. Stranamente in questo periodo tanto confuso attorno il 1500 le tribù tentano ancora una volta l'unione politica: fondando cosidette «province dell'Impero» sotto l'Imperatore Maximilian.
La «provincia bavarese» si manifesta come l'arcinoto, famoso pentagono, includendo gli stati vescovili. La «provinca francone» suppergiù ricorda la Franconia odierna, anche se la contrada dello Spessart fa ancora parte dell'Elettorato di Magonza. La «provincia sveva» invece comprende il paese del Neckar e del lago di Costanza; presto però si affaccia un territorio tra Iller e Lech, che si definisce autonomo quartiere di Augusta.

44

Riformazione e controriforma

Dalla esuberanza ed abbondanza del 16. secolo nacque la riformazione tedesca, come un grande tentativo di non voler conquistare Dio per la Nazione, ma la Nazione per l'Omnipotente. Martin Luther mise in subbuglio il paese e specie nelle grandi città dell'Impero destò l'interesse: si formò il triangolo di forze Norimberga-Augusta-Ratisbona, alle quali si aggiunsero quasi automaticamente Weißenburg, Nördlingen, Dinkelsbühl, Donauwörth, Kaufbeuren e Memmingen.
Decisivo era anche l'adesione dei Marchesati e la posizione della chiesa di Norimberga-Brandenburgo del 1533: la Franconia protestante si evidenziò per la prima volta con le parrocchie, i suoi ginnasi e lo scrittore Jean Paul ci ricorda l'idillio di suo padre che a Jodiz sulla Saale e a Schwarzenbach era stato un tranquillo parroco protestante.
In primo luogo però non si trattava di un evento idilliaco ma di grosse battaglie e differenze per il potere diviso tra le confessioni. I Wittelsbacher della Baviera antica rimasero, assieme al loro popolo, fedeli alla religione degli antenati e divennero molto presto l'avamposto del mondo cattolico. In primo luogo poteva trattarsi della circospezione, della «tradizionalità», caratteristiche della tribù ma anche il mantenere i legami secolari col meridione latinizzato.
Ed era il casato reale che faceva da buon esempio e da anno in anno più si identificò con l'editto deciso nel concilio di Trento. I vescovati dell'antica Baviera, ma anche Augusta, Eichstätt, Würzburg, Bamberg e la Kurmainz furono costretti ad allearsi al movimento della controriforma bavarese, appoggiati dalla Curia e dal Regno Intercontinentale della Spagna. Così fu possibile nel 1583 di recuperare Colonia che stava sfuggendo ed assicurare la regione del Basso Reno alla chiesa cattolica; per quasi due secoli il principe dei Wittelsbach portò l'onore Elettore del vescovato di Colonia e la Mitra delle diocesi vicine di Liegi, Münster e Hildesheim. Questa evoluzione culminava nella reggenza del duca e più tardi Principe Elettore Maximilian I. (1597–1651), che nella guerra dei Trent'Anni si inserì a pari merito tra le grandi potenze europee. Impose a tutta la sua contrada bavarese il suo carattere assolutistico-confessionale ed il suo senso barocco della fede: Maximilian I. il grande reazionario, che si contrappose alle idee del futuro, cercò fra il ieri infinito ed un domani senza confini, l'eternità.

Rococò bavarese

Il Barocco era più di uno stile d'arte, ma un modo di vivere, che ancor oggi si sente nel paese, tanto da poter insinuare, che Baviera antica e Barocco siano sinonimi. Però anche a Norimberga troviamo del barocco signorile e letterario-bucolico del «Pegnesischer Blumenorden» e nelle eremo chiese del Fichtelgebirge e del Frankenwald troviamo un Barocco marchese di sembianze quasi cattoliche. E questo barocco non è di seconda mano, lo si attingeva direttamente oltre le Alpi e talvolta gli si aggiungeva un tocco di gusto spagnolo.
L'arrivo del rococò, poteva sembrare una liberazione di per se stessa del barocco dal peso troppo grave e bombastico. Naturalmente le prime idee vennero dalla Francia, che per quasi duecento anni era l'alleata intima della Baviera. Fautore ne era il «Principe Elettore Azzurro», Max Emanuel, che nella guerra di sucessione spagnola era l'alleato principale di Luigi XIV., anche se dovette accettare le sconfitte di Höchstädt e Blindheim ed un lungo esilio nel Belgio ed in Francia. L'architetto di corte Josef Effner era scolaro di Boffrand e quando nel 1724 François Cuvillies, dopo gli anni a Parigi, viene a Monaco porta con se, per cosi dire, lo stile nuovo.
Però non rimane ristretto più alla corte, ma si fonde nella popolazione: muratori ed edili locali, intagliatori in legno

e pietra, stuccatori e frescanti portano la gaiezza della corte francese all'apoteosi nelle loro chiese rococò. Importanti nello sviluppo furono i molti conventi prelati nei paesi con i loro pellegrinaggi locali e le relative chiese parrocchiali. La famosa chiesetta Wieskirche presso Steingaden (Garmisch-Partenkirchen) è soltanto l'esempio più grazioso di questo fenomeno europeo. E persino le basse stanze contadine diventarono più luminose: vediamo nelle camere gli armadi multicolori tipici di Tölz; nell'angolo dedicato all'Omnipotente vi troviamo dipinti dietro vetro dell'alta Baviera o della Foresta Bavarese. Questo rococò bavarese influisce anche l'Austria settentrionale e le valli tirolesi e si fa sentire nella Svevia Alta e persino attorno il lago di Costanza. Soltanto nella contrada del Meno lo «Stile Imperiale» dei collegi religiosi della Franconia non gli lascia spazio. Il rococò di Bayreuth della marchesa Wilhelmine sta appartato, è uno stile capriccioso e di rigorosità prussiana, soffuso dall' illuminismo di un Voltaire.

Lo stato di Montgelas

L'illuminismo qui sul Meno e anche a sud del Danubio ha trovato una forma del tutto particolare, che è andata persa, allorquando i reggenti dovettero temere la grande rivoluzione. Così nell' epoca di Napoleone tutto l'ambiente dovette essere schiuso dall'esterno, dovette affacciarsi un ministro come il baronetto di Montgelas, nominato più tardi conte, e dovette effettuare la rivoluzione dall'alto della sua posizione. Montgelas, un bavarese di provenienza francese e savoiarda tenne in bilico anche nei tempi più burrascosi la navicella del governo bavarese. Era lui che per primo rompeva la stretta divisione delle tribù e fece che la Baviera antica poté espandersi nelle province sveve e franconi; fino ai confini di oggi, incluso

il Palatinato del Reno che gli fu offerto in cambio per Salisburgo nel 1816. Insomma, erano, senza contare i cavalieri ed i paesi dell'Impero, 83 territori indipendenti, che Montgelas, senza guardare in faccia a nessuno, senza riguardo per le tradizioni, soltanto sorretto dalla logica, riuscì ad amalgamare in un unico stato nuovo governato con mano forte in modo centralistico. Legge di fondo era l'equità delle confessioni – anche se uno sguardo nella statistica ci informa che nessun altro stato tedesco in relazione alla sua estensione abbia dovuto incorporare tanta confessionalità. Il simbolo esterno della nuova unità era la corona regale, della quale si incoronò l' 1 di gennaio del 1806 Max I. Joseph. Naturalmente c'era un motivo storico: la intrepida fede dei sudditi e l'attaccamento eccelso provato di tutti era la ragione per cui lo stato bavarese attinse ai valori antichi.

Le corone dei Wittelsbacher

Dopo l'estinzione degli antichi Wittelsbacher nel 1777 era la linea del Palatinato, che rappresentò la continuità dello stato. Essendo venuti i Palatinati stessi dall'esterno, il crescere e fondersi dello stato neobavarese era molto facilitato. Toccava perciò a Re Ludwig I., il Re romantico, nato ancora a Strasburgo, di succedere alle idee politiche di Montgelas. Ridiede alle tribù l'orgoglio del loro passato e tentò di schiudere lo stato rigido lasciato da Montgelas, con le forze della storia e della fede. Era un mecenate tanto grandioso quanto coraggioso delle arti; s'era messo in testa di fare di Monaco «una citta, di cui la Germania ne andava orgogliosa e una città, la quale non aver vista, significava non conoscere la Germania». Soltanto le pressioni della rivoluzione del 1848 lo fecero retrocedere, perchè nel fondo del suo cuore era sempre stato un autocrate di pura linfa.

Il figlio di Ludwig I., Max II. tra i Re bavaresi è quello con l'indole a prima vista più fredda, conoscendolo meglio era però il Re più umano. Un Re, che per tutta la sua vita volle imparare, che era liberale nel miglior senso della parola, che alle arti aggiunse le scienze. Era lui che dell'Università di Monaco fece un centro di scienziati di valore europeo; istituì una scuola letteraria dedicata all'umanesimo e alla formalità. Nel 1864 morì, prematuramente per il suo paese.

Lo splendente Ludwig II. era lo scialatore eccelso del regno, coautore delle musiche filodrammatiche di Wagner; nei suoi castelli–fiaba agiva contemporaneamente come un Parsival o un Luigi XIV. Gli sfuggì l'autorità del governo, perse la Baviera, anche a causa della geniale diplomazia di Bismarck, che fu incorporata nell'Imperiale Regno tedesco; egli invece traspose il suo ideale di reggenza nel mondo dei sogni e della fantasia: così il poeta Verlaine gli cantò nel 1886: Roi, le seul vrai roi de ce siècle, salut, Sire!»

La costituzione del 1818

Forse era vero che in Baviera al posto di Re Ludwig II. o del Principe Reggente Luitpold, erano i diversi ministri a governare. Ed esattamente dal 1864 fino all'avvento della Prima Guerra Mondiale. Però regnavano bene e sono riusciti a tener sempre in sospeso, nonostante le pressioni di Bismarck, lo statuto particolare della Baviera. Infine si aveva sempre ancora una propria costituzione, che definiva tutto il potere venire dal Re, una delle più antiche ed onorate costituzioni della Germania meridionale, già decretata nel lontano 1818. Certamente, la costituzione era originariamente una concessione della corona verso le nuove regioni, semplicemente una conferma degli antichi diritti delle corporazioni di costituire parlamenti regionali, che collaboravano alla

legislatura e decidevano sulle tasse. Negli anni successivi proprio questi parlamenti regionali risultavano decisivi per l'unione dello stato bianco-azzurro.

Il fatto più clamoroso era il convegno del 1848, che decretò entro due mesi quattordici leggi importantissime, tra cui quello che confermò «l'abolizione della giurisdizione da parte degli aristocratici ed in più l'annullamento dei debiti a carico dei terreni». Non vogliamo entrare nel dibattito sulla «schiavitù» ma si deve dire che soltanto ora i contadini potevano davvero considerarsi liberi cittadini; il paese potè salutare con enfasi ed orgoglio lo splendente ottocento, così come ce lo illustrano pittori come Wilhelm Leibl o gli scritti di Ludwig Thoma. La Baviera era un paese di contadini e ne era orgogliosa. A parte fatti come le scoperte di Senefelder (litografia) o Rudolf Diesel (motore) l'industrializzazione si fece largo con gran ritardo, cioè dopo la Prima Guerra Mondiale. Certo, nell'operosa Augusta e nella non meno assidua Norimberga – nelle province un po' in Franconia settentrionale e nel Palatinato del Reno si erano fatto avanti timidamente i primi tentativi di fabbriche e di lavorazione industriale.

Monaco splendeli

Il più sorpendente fatto di questo 19. secolo rimane però, che la città residenziale di Monaco nell'estesa pianura ai piedi delle montagne sia divenuta sempre di più un centro di tutto il paese. E ciò molto di più della città d'arte prevista dal Re Ludwig I. o del centro culturale come sognò Re Max II.; nel periodo di governo del Principe Reggente qui si davano convegno – tra Parigi e Vienna per così dire – i giovani di tutto il mondo. Monaco si estendeva in tutte le direzioni, furono inalzate sempre nuove cupole, nuove torri e tetti si erigevano nel cielo, la città si espandeva sempre di più con le sue larghe e movimentate strade nel paesaggio verde. Sulle facciate e sulle piazze un'atmosfera mediterranea e tutto era luminoso e di un contenuto tripudio. Un antico rione cittadino si chiamava Schwabing e divenne quasi un sinonimo di una filosofia di vivere.

Dr. Georg Hirth era l'indimenticato editore della rivista in stile liberty «Jugend», ed Albert Langen fondò la rivista satirica «Simplicissimus». Il principe pittore Franz von Lenbach, il circolo d'artisti, la nuova «Secessione» e gli impressionisti, l'associazione pittorica «Der Blaue Reiter» ed i primi pittori astratti si davano convegno. Il poeta Stefan George risiedeva in mezza alla sua cerchia di allievi; Frank Wedekind autore, poeta ed attore; le tante feste degli artisti ed il carnevale, l'Oktoberfest, dove nel 1901 il poeta Franz Blei divorò assieme ad un certo Uljanow (Lenin) un pollo e riferì: «Poteva essere molto malleabile con un certo senso dell'umorismo, come lo si trova spesso in persone che sono convinti di se stessi e della loro missione... Dell'intelligenza umana non ne era troppo convinto, e dicendo cosi, si rivolse al vicino dalla parte opposta discutendo della birra».

Certamente nel 1918, quando la costituzione e lo stato andarono incontro alla grande crisi, era proprio Schwabing, da dove ebbe inizio la rivoluzione. Proprio nella tanto conservativa Baviera cadde la prima corona, al Re fu presentata una fattura che spettava di diritto all'Imperatore. Monaco passò brutte annate nel dopoguerra fino a raggiungere un certo benessere paragonabile ai «roaring twenties»; dal 1924 vi prese domicilio Richard Strauss.

Il paese rustico si sveglio come da un sogno. Si tolse la benda che la capitale le aveva messo per un secolo. C'era un movimento folcloristico, raduni dei monarchici e convegni dei «Schützen», teatri all'aperto e sagre; il proprio passato appariva ormai come sotto un velo rosa.

La Baviera in Europa

Anche se può sembrare ridicolo: l'ideale della tribù, come è stato inteso nel 19. secolo è riuscito a conservare compatta la Baviera; anche dopo il fatidico 1933, allorchè i diritti delle regione furono trasferiti al centralismo dell'Imperc dei Nazisti. Persino dopo il 1945 quando tutt'attorno si vedevano solo le macerie. Già nel 1946 fu decretata una costituzione d'emergenza bavarese e, perso il Palatinato Renano, il territorio della Baviera divenne più omogeneo. Nel 1949 si accettò soltanto con esitazione il governo provvisorio di Bonn con un piccolo SI della stampa ed un grande NO da parte del parlamento regionale.

Negli ultimi vent'anni la facciata della Baviera s'è trasformata. Monaco è diventata metropoli e nella statistica dei mestieri il lavoratore e l'impiegato hanno sorpassato il contadino. A ciò si aggiunga la grande migrazione venuta dall'est causata dagli eventi orribili dal 1939 in poi; fino ad oggi sono venuti migliaia e migliaia di emigrati, che quasi fanno soffocare Monaco. D'altro canto, paesaggi come la Foresta Bavarese e il Palatinato settentrionale, insomma, grandi contrade rurali della Baviera si svuotano continuamente... Qui ci si siede e si proclama la storia, si parla del disagio di fronte a tante novità – insomma si vuol essere lasciati in pace. Gli scozzesi, i bavaresi, i georgi, i montenegrini ed i baschi sono molto simili.

Anche se la nuova Europa dovrebbe essere un Europa delle patrie, o meglio ancora delle regioni, ci dev'essere un optimum umano; un paese che dimostra tutta la varietà del paesaggio e del folclore e ciononostante riesce a rimanere compatto, radicato; che è governabile ancora senza schema. Un paese che ti lascia ancora spazio per respirare e ha anche frontiere attingibili. Inoltre un millennio di storia vissuta e radicata lasciano capire ed accettare i valori eterni.

Berchtesgaden mit Watzmann

Erst die Umwälzungen, die Napoleon Bonaparte über ganz Europa brachte, machten die bis dahin reichsunmittelbare und damit weitgehend souveräne Fürstpropstei Berchtesgaden zu einem Teil des Königreichs Bayern – sicherlich zu einem der schönsten. Das kleine Land verdankt seine Erschließung einem Augustiner-Chorherrenstift, das sich dank des Salzes und des damit verbundenen Reichtums zu einem der bedeutendsten Klöster des Heiligen Römischen Reiches entwickelte. Vom Salz lebt der Markt Berchtesgaden auch heute noch, bildet doch das Salzbergwerk eine der Hauptattraktionen für den Tourismus. Berühmter noch ist der im Hintergrund aufragende Watzmann, dessen gewaltige Ostwand ein Traumziel für jeden Kletterer darstellt.

Berchtesgaden with the Watzmann

The upheaval which Napoleon Bonaparte caused in the whole of Europe made the former provosts' district of Berchtesgaden, which was under immediate imperial rule and therefore to a large extent sovereign, into a part of the kingdom of Bavaria – surely one of the most beautiful. This little region owes its development to an Augustine foundation which grew into one of the most important monasteries of the Holy Roman Empire due to the salt and its ensuing riches. Today the market town of Berchtesgaden still lives from salt, since the salt mines are one of the greatest attractions for tourists. Even more famous is the Watzmann, rising steeply in the background; its mighty east face represents an ideal goal for any climber.

Berchtesgaden et le Watzmann

Il faut attendre les bouleversements apportés dans toute l'Europe par Napoléon Bonaparte pour que la principauté-prieuré de Berchtesgaden, jusque-là dans la dépendance immédeate de l'Empire et donc largement souveraine, devienne partie intégrante du royaume de Bavière – et sans doute l'une des plus belles. Ce petit pays doit sa mise en valeur à un monastère de chanoines augustins devenu l'un des plus importants du Saint Empire grâce au sel et à la richesse dont il était la source.
La ville de marché de Berchtesgaden vit encore du sel puisque la mine de sel constitue l'une de ses principales attractions touristiques.
Le Watzmann qui se dresse à l'arrière-plan est bien plus célèbre encore, avec sa puissante paroi.

Berchtesgaden con Watzmann

Il piccolo paese deve la sua valorizzazione alla Collegiata dei Canonici di Sant'Agostino, che si sviluppò grazie alle ricche miniere di sale ad uno dei più importanti conventi del Sacro Impero Germanico. Ed ancora oggi Berchtesgaden usufruisce delle miniere, però non per ricavarne sale, ma come attrazione per i turisti sono divenuti un fattore economico importante della regione. Più famoso delle miniere ed i lavori d'intaglio di Berchtesgaden è la montagna del Watzmann, che vediamo sullo sfondo; la sua maestosa parete orientale, che si staglia a picco dalle sponde dell'ameno lago Königssee è una sfida per ogni scalatore provetto.

Kloster Höglwörth

Es hat nie eine bedeutende Rolle gespielt, das kleine Kloster Höglwörth bei Anger unweit Bad Reichenhall. Aber vielleicht liegt es gerade daran, daß es noch heute so ursprünglich, so unverändert auf seiner Insel im gleichnamigen Moorsee liegt.

Dabei reichen seine Wurzeln weit zurück in die Karolingerzeit, als es gleichsam als geistlicher Vorposten der Benediktiner des Salzburger Traditionsklosters St. Peter wirkte, gegründet zur Mission und zur Kultivierung des Landes.

Es folgten nach dem Ungarnsturm bescheidene Blüte und Verfall als Augustiner-Chorherrenstift St. Peter und Paul, ehe seit der zweiten Hälfte des 17. Jahrhunderts jene Bauten entstanden, die auch heute noch zu sehen sind.

The monastery of Höglwörth

The little monastery of Höglwörth near Anger, not far from Bad Reichenhall, has never played an important role, but perhaps for that very reason it still lies so unchanged, so unspoilt on its island in the moorland lake of the same name.

Yet its roots go right back to Carolingian times when it served as an outpost for the Benedictines of the longstanding Salzburg monastery of St Peter, founded to missionize and cultivate a land which was still to a large extent wilderness.

After attack by the Hungarians a period of modest prosperity followed as the Augustine foundation of St Peter and Paul before the buildings which are to be seen today were erected during the course of the revival in the second half of the C17.

Le monastère de Höglwörth

Il n'a jamais joué un rôle important, le petit monastère de Höglwörth près d'Anger, non loin de Bad Reichenhall. Et c'est peut-être justement pour cette raison qu'il se dresse aujourd'hui encore dans toute son originalité première, sur son île au milieu du lac marécageux du même nom.

Ses origines remontent pourtant à l'epoque carolingienne où, fondé pour faire oeuvre de mission, il était en quelque sorte le poste avancé des Bénédictins du très ancien monastère Saint-Pierre de Salzbourg. Après les invasions des Magyars, devenu collégiale des Augustins Saint-Pierre et Paul, il connut un modeste épanouissement, puis la décadence. Les édifices actuels datent de la période de redressement qui marqua la seconde moitié du XVIIe siècle.

Convento Höglwörth

Il piccolo convento Höglwörth situato presso Anger nelle vicinanze di Bad Reichenhall ebbe mai grande notorietà. Forse per questa ragione si è potuto mantenere così originario ed intatto sull'isolotto del lago palustre omonimo. Fondato ai tempi dei Carolinghi da frati Benedittini che, provenienti dal Monastero St. Peter und Paul di Salisburgo, si insediarono qui per evangelizzare e bonificare il territorio. Dopo una parentesi come Collegiata dei Canonici di Sant'Agostino e passate le invasioni magiare, furono eretti nella seconda metà del 17. secolo gli edifici che ancor oggi sono in funzione: masi e una modesta chiesa ad atrio decorata con riservata eleganza in corrispondenza del paesaggio, formano un'assieme di grande suggestione.

Burg Hohenaschau

Mitten aus dem Priental erhebt sich ein freistehender Höhenzug, der das Tal wie ein natürlicher Riegel sperrt. Auf ihm steht seit dem 12. Jahrhundert die Stammburg der Herren von Hohenaschau-Wildenwarth, die als Vögte zunächst auf Salzburger, später auf Chiemseer Gut aus dem Ministerialenstand zur Adelsherrschaft aufstiegen. Nach dem Niedergang des Geschlechts im 14. Jahrhundert wechselte die Burg mehrfach den Besitzer, bis sie 1875 von dem Industriellen Theodor von Cramer-Klett erworben wurde.
Der am Fuß des Burgbergs ausgebreitete Ort Hohenaschau ist Talstation der Kampenwand-Seilbahn, mit deren Hilfe man bequem den beliebten Kletterberg der Münchner Bergsteiger erreicht.

The castle of Hohenaschau An isolated ridge rises in the middle of the Prien valley which acts as a natural bar. On it the seat of the Lords of Hohenaschau-Wildenwarth has stood since the C12. As bailiffs firstly of Salzburg then of Chiemsee lands, they rose from ministerial rank to the aristocracy, but after the demise of the line in the C14 the castle changed hands several times until it was bought by the industrialist, Theodor von Cramer-Klett in 1875. The village of Hohenaschau spreads out at the foot of the castle hill, and is the valley terminus of the Kampenwand cable railway, with the help of which one can easily reach the favourite climbing ground of Munich's mountaineers.

Le château d'Hohenaschau

Une chaîne isolée s'élève au milieu de la vallée de la Prien, la fermant comme un verrou naturel. Depuis le XIIe siècle, elle est surmontée par un château-fort qui fut le berceau des seigneurs de Hohenaschau-Wildenwarth. Baillis sur des domaines dépendant d'abord de Salzbourg, puis de Chiemsee, ils s'élevèrent du rang d'administrateurs jusqu'à l'aristocratie. La lignée étant tombée en décadence au XIVe siècle, le château changea plusieurs fois de propriétaire, jusqu'à son acquisition, en 1875, par l'industriel Theodor von Cramer-Klett.
La localité d'Hohenaschau, qui s'étend au pied de cette éminence, est le point de départ du funiculaire du Kampenwand permettant d'atteindre aisément cette montagne très fréquentée par les alpinistes munichois.

Castello Hohenaschau

Al centro della vallata di Prien si erige, come uno sbarramento naturale, un'altura. In cima troviamo il castello costruito nel 12. secolo dai Signori di Hohenaschau-Wildenwarth, che da castaldi prima a Salisburgo e poi a Chiemsee furono nobilitati. Dopo il 14. secolo i proprietari del castello cambiarono spesso, fino al 1875 quando fu acquistato dall'industriale Theodor von Cramer-Klett.
Ai piedi dell'altura fortificata si estende il paese Hohenaschau con la stazione a valle della funivia che porta sulla Kampenwand, la parete prediletta degli scalatori provenienti da Monaco.

Große Spiegelgalerie auf Schloß Herrenchiemsee

Mit Herrenchiemsee hat König Ludwig II. nicht nur sein Versailles geschaffen, er hat damit auch seinem politisch unerreichbaren Traum eines sakrosankten, absoluten Königtums und dem Sonnenkönig als dessen strahlendstem Vertreter ein Denkmal gesetzt.

Bezeichnenderweise hat Ludwig II. die »Grands Appartements du Roi«, deren künstlerischen Mittelpunkt die Spiegelgalerie und das Paradeschlafzimmer bilden, nie selbst bewohnt. Ihm genügte das »Kleine Appartement« im Nordflügel des Schlosses, und auch dort hat er sich nur ein einziges Mal aufgehalten.

Great Hall of Mirrors in the palace of Herrenchiemsee

With Herrenchiemsee King Ludwig II not only created his Versailles but he set a monument to his politically unattainable dream of a sacrosanct absolute kingdom, and to the Roi Soleil as its most brilliant representative.
 Characteristically, King Ludwig never lived in the "Grands Appartements du Roi" where the Hall of Mirrors and the state bedchamber form the artistic focal-point. He was satisfied with the "small appartment" in the north wing of the palace, and even there he only stayed on one occasion.

Grande galerie des glaces au château de Herrenchiemsee

Avec Herrenchiemsee, le roi Louis II n'a pas seulement érigé son château de Versailles, il a aussi élevé un monument à son inaccessible rêve politique d'une royauté absolue de caractère divin et au Roi-Soleil, le plus brillant représentant de cette idée.
Il est significatif que Louis II n'ait jamais habité lui-même les «Grands Appartements du Roi» dont la galerie des glaces et la chambre d'apparat forment le centre d'intérêt artistique. Il se contentait des «Petits Appartements» dans l'aile nord du château, et, même dans ces appartements, il n'a séjourné qu'une seule fois.

La grande Galleria degli Specchi nel castello di Herrenchiemsee

Con Herrenchiemsee il Re Ludwig II. si era fatto costruire la sua Versailles, seguendo il suo mai raggiunto idolo, Luigi XIV di Francia, il Re Sole, che impersonificava nel modo piú brillante il concetto di un divino Reame assoluto.
Interessante a sapersi, che Ludwig II. non ebbe mai occasione di abitare nei cosidetti «Grands Appartements du Roi», di cui la Galleria degli Specchi e la Camera da notte sono i fulcri artistici di maggior rilievo. Egli si accontentò del «Piccolo appartamento» nell'ala settentrionale ed anche qui si soffermò soltanto un'unica volta.

Kloster Seeon

Die eng aneinandergeschmiegten Klosterbauten auf der kleinen Insel im Seeoner See lassen noch etwas erahnen von der Beschaulichkeit des monastischen Lebens, die das uralte Benediktinerkloster Seeon einst geboten haben mag.
Die dreischiffige romanische Basilika mit den beiden gedrungenen Türmen ist mehrfach dem jeweiligen Zeitgeschmack entsprechend umgestaltet worden und bietet nunmehr ein reizvolles Ineinander von Romanik, Gotik und Barock, ergänzt durch reiche Wandmalereien aus dem späten 16. Jahrhundert. Die berühmte spätgotische Seeoner Madonna freilich steht heute im Bayerischen Nationalmuseum in München.

The monastery of Seeon

The monastery buildings which nestle close together on the little island in Lake Seeon still give one some idea of the tranquility of monastic life which the ancient Benedictine foundation of Seeon must have offered in bygone days.
The three-aisled Romanesque basilica with its two squat towers has been altered several times to comply with prevailing tastes, and now shows a charming mixture of Romanesque, Gothic and baroque, enriched by frescoes from the C16. The famous madonna of Seeon however now stands in the Bavarian National Museum in Munich.

Le monastère de Seeon

Blotties les uns contre les autres sur la petite île du lac de Seeon, ces constructions permettent encore de se faire une idée du caractère contemplatif que pouvait avoir la vie monastique, jadis, dans le très ancien monastère bénédictin de Seeon.
La basilique romane à trois nefs, avec ses deux tours trapues, a subi à plusieurs reprises des transformations effestuées selon le goût de l'époque correspondante et c'est pourquoi elle offre maintenant l'image d'un charmant mélange de roman, de gothique et de baroque que viennent compléter de riches peintures murales datant de la fin du XVIe siècle. La célèbre Madone de Seeon de style fin du gothique se trouve aujourd'hui, comme de bien entendu, au Bayerisches Nationalmuseum à Munich.

Il monastero di Seeon

Gli edifici strettamente rannicchiati uno all'altro emanano il concetto di vita dedicata solo a Dio dei monaci di questo antichissimo convento situato sull'isola del laghetto di Seeon.
La basilica romanica a tre navate e le due torri tozze sono state restaurate diverse volte ed adattate al relativo gusto dell'epoca. Particolari del Romanico, del Gotico e del Barocco si addicono perfettamente alle pitture murali sontuose del 16. secolo. La famosa Madonna di Seeon però si trova a Monaco nel Bayerisches Nationalmuseum.

Burghausen

Der schmale Kammrücken über der Salzach, der die Festung Burghausen trägt, dürfte schon in vorgeschichtlicher Zeit befestigt worden sein. Die erhaltene Anlage entstand seit 1253 und gilt mit über einem Kilometer Länge als die größte Abschnittsburg Deutschlands. Zur Zeit der bayerischen Landesteilungen war sie neben Landshut der zweite Burgsitz der niederbayerischen Herzöge. Unter Georg dem Reichen wurde die Hauptburg großzügig zum stärksten militärischen Bollwerk des Herzogtums ausgebaut. Hier lagerte der sagenhafte Schatz der »Reichen Herzöge«, hier starb auch nach Jahren der Gefangenschaft der Erzfeind der Landshuter, Herzog Ludwig im Bart von Bayern-Ingolstadt.

Burghausen

The narrow ridge above the Salzach which carries the fortress of Burghausen must already have been fortified in prehistoric times. The remaining lay-out was built after 1253, and with its length of more than one kilometre counts as the largest entrenchment in Germany. At the time of the division of Bavaria it was, next to Landshut, the second castle of the Dukes of Lower Bavaria. Under Georg the Rich the main part was converted on a large scale into the strongest military fortress of the duchy. Here the legendary treasure of the "Rich Dukes" was stored, and here also Duke Ludwig the Bearded of Bayern-Ingolstadt, the arch-enemy of the Landshuter, died after years of imprisonment.

Burghausen

L'etroite crête portant la forteresse de Burghausen et surplombant la Salzach fut sans doute fortifiée dès l'époque préhistorique. Datant de 1253 et longue de plus d'un kilomètre, la forteresse actuelle est considérée comme la plus grande d'Allemagne. A une époque où la Bavière était divisée, c'était, avec Landshut, la seconde résidence fortifiée des ducs de Basse-Bavière. Sous Georges le Riche, la partie principale fut agrandie avec une largesse de moyens qui en firent l'ouvrage à bastions le plus puissant du duché. C'est là que l'on conservait le trésor légendaire des «Ducs Riches» et c'est là qu'il mourut, après des années de captivité, le grand ennemi de la maison de Landshut, le duc Ludwig im Bart de Bavière-Ingolstadt.

Burghausen

La stretta altura sulle sponde del fiume Salzach probabilmente era già stata fortificata in era preistorica. Le fondamenta pervenuteci sono del 1253 e con uno sviluppo delle mura di più di un chilometro la fortezza era la più grande ed estesa della Germania. Nell'epoca della divisione del territorio bavarese, Burghausen fu assieme a Landshut la seconda residenza dei duchi della Bassa Baviera. Georg «Il Ricco» fece edificare questo castello come il più munito e fortificato di tutto il suo ducato. Qui giaceva protetto il leggendario «Tesoro dei Duchi Ricchi», qui furono rinchiusi prigionieri di stato famosi. Qui morí l'acerrimo rivale dei duchi di Landshut, il duca Ludwig im Bart delle linea Bayern-Ingolstadt.

Altötting, Gnadenkapelle

Durch die im 15. Jahrhundert aufblühende Marienwallfahrt ist der uralte Pfalzort Altötting zum eigentlichen Zentrum der bayerischen Volksfrömmigkeit geworden.

Die kleine Gnadenkapelle geht wohl schon auf agilolfingische Zeit zurück und ist damit eine der ältesten Kirchen Deutschlands. Zahllose Wallfahrer, allen voran die wittelsbachischen Landesherren, haben dem ehrwürdigen Gnadenbild, der »Schwarzen Muttergottes«, ihre Votivgaben gewidmet. So kündet der annähernd lebensgroße »Silberne Prinz« von der Dankbarkeit Kurfürst Karl Albrechts für die Errettung des Kurprinzen Max Joseph vor schwerer Krankheit, während die Votivgaben der einfachen Leute Wände und Decken des Kapellenumgangs füllen.

Altötting, the Chapel of Mercy

Through the flourishing pilgrimages to the Virgin Mary in the C15, the ancient Palatine town of Altötting became the real centre of piety among the ordinary people of Bavaria.

The little Chapel of Mercy dates back to Agilolfingian times and is therefore one of the oldest churches in Germany. Countless pilgrims, the Wittelsbach rulers in the van, have dedicated their votive gifts to the "Black Madonna". The life-size "Silver Prince" shows the gratitude of the Elector Karl Albrecht for the recovery of his son, Prince Max Joseph, from a serious illness, while the votive pictures of the ordinary folk adorn the walls and ceiling of the ambulatory.

Altötting, la chapelle de la grâce

L'importance croissante du pèlerinage à Marie, au XVe siècle, a fait de la très ancienne place palatine d'Altötting le grand centre de la piété populaire en Bavière.

Datant sans doute de l'époque des Agilolfingiens, la petite chapelle de la grâce est l'une des plus anciennes d'Allemagne. D'innombrables pèlerins, à commencer par les seigneurs du pays, les Wittelsbach, ont dédié leurs offrandes à la «Madone Noire». Ainsi, le «Prince d'Argent» – à peu près grandeur réelle – témoigne de la reconnaissance de l'Electeur Karl Albrecht pour la guérison du prince Max Joseph atteint d'une grave maladie tandis que les offrandes du commun des mortels couvrent les murs et les plafonds du déambulatoire.

Altötting, la cappella di grazia

Nel quattrocento erano molto in auge i pellegrinaggi a Santuari della Santa Vergine; uno di questi luoghi era il piccolo, antichissimo paese Altötting nel Palatinato, che divenne un centro bavarese del cattolicesimo popolare. La piccola cappella di grazia probabilmente fu fondata già dagli Agilolfi ed è una delle piú antiche chiese della Germania. Innumerevoli pellegrini, fra loro i duchi di Wittelsbach, dedicarono le loro donazioni votive alla «Madonna Nera». Così la statua in grandezza quasi naturale del «Principe d'argento» dedicata dal Principe Elettore Karl Albrecht ci ricorda la guarigione da grave malattia del principe Max Joseph, mentre gli ex-voto del popolo semplice decorano pareti e soffitta del chiostro.

Wasserburg am Inn
Der Name kündet noch von den Ursprüngen, denn tatsächlich war es eine Wasserburg, die den schmalen Zugang zu der Halbinsel in der Innschleife sicherte, auf der heute die Stadt steht. Diese ist einst durch die Salzstraße reich geworden, doch mit deren Verlegung über die Rosenheimer Innbrücke ist es still um sie geworden, und auch die Industrialisierung ist in großem Bogen an ihr vorbeigegangen. So zeigt sich Wasserburg in der Anlage noch heute so, wie es nach dem großen Brand von 1338 wieder aufgebaut worden ist. Nahezu unverfälscht hat sich die typische, eigenständige Innstadt-Architektur erhalten, deren intime Behaglichkeit Wasserburg zu einer der schönsten alten Städte Deutschlands macht.

Wasserburg on the Inn
The name bears witness to its origins, since Wasserburg was actually a moated castle which protected the narrow entrance to the peninsula in the bend of the river Inn on which the town now stands. The latter once became rich through the salt road, but with its diversion over the Inn bridge at Rosenheim things became quiet, and later industrialization also made a wide berth around it.
Thus the lay-out of Wasserburg can be seen today as it was after the great fire of 1338. The typical independent architecture of towns on the Inn has remained almost unspoilt, and its intimacy makes Wasserburg one of Germany's most beautiful old towns.

Wasserburg sur l'Inn
Son nom trahit encore ses origines, car il s'agissait bien d'une forteresse «sur l'eau» qui gardait l'accès étroit à la presqu'île formée par la boucle de l'Inn sur laquelle est située la ville actuelle. Autrefois, la route du sel avait fait sa richesse, mais, avec le déplacement des passages vers le pont sur l'Inn de Rosenheim, elle a été oubliée et l'industrialisation n'est pas venue la sortir de sa torpeur.
Aussi Wasserburg présente-t-elle aujourd'hui encore la même image qu'après sa reconstruction à la suite du grand incendie de 1338. L'architecture caractéristique et bien propre à cette ville des bords de l'Inn a été conservée dans une pureté presque intacte et l'agrément et la simplicité qui la caractérisent font de Wasserburg l'une des vieilles villes les plus belles d'Allemagne.

Wasserburg alle rive dell'Inn
Il nome (castello d'acqua) racconta delle origini, perché era una fortezza attorniata dall'acqua a difesa dell'accesso alla stretta penisola nell'ansa formata dall'Inn. Wasserburg era grazie al commercio del sale una città ricca che però dopo la costruzione del ponte sull'Inn presso Rosenheim non si riprese ed anche il periodo di industrializzazione non ebbe grand'effetto sulla cittadina. Si presenta ancor'oggi quasi identica come fu ricostruita dopo il grande incendio del 1338. Intatta è rimasta l'architettura tipica delle città sull'Inn ed intatto anche l'intimo assieme cittadino che ne fa uno dei luoghi più belli della Germania.

Im Leitzachtal

Wer von der Ausfahrt Irschenberg Autobahn München–Salzburg in Richtung Bayrischzell fährt, kommt nach einigen Kilometern im engen Tal der Leitzach zwischen Hundham und Fischbachau in einen der romantischsten Winkel Oberbayerns. Im Leitzachtal ist alles zu finden, was das Bergland bieten kann: blühende Täler, Almen mit saftigen Matten, grauer Fels unter blauem Himmel – nur ist hier alles eine Spur kleiner, sanfter, intimer. Auch der das Tal beherrschende Felskopf des Wendelsteins ist nur wenig über 1800 Meter hoch und überdies mit zwei Bergbahnen zu erreichen.

So ist das Leitzachtal ein ideales Erholungsgebiet, in dem man wandern, faulenzen und ganz einfach nur den Tag genießen kann.

In the valley of the Leitzach

After leaving the motorway Munich–Salzburg at the Irschenberg exit and driving a few kilometres towards Bayrischzell, the traveller comes into the narrow valley of the Leitzach between Hundham and Fischbachau, one of the most romantic spots in Upper Bavaria. Everything is to be found in the Leitzach valley which a mountainous district can offer: blossoming valleys, high mountain pastures with juicy grazing, grey rocks under a blue sky – except that here everything is a fraction smaller, more gentle, more intimate. Even the peak of the Wendelstein which dominates the valley is only a little more then 1800 metres high, and in addition can be reached by two mountain railways. On account of this, the Leitzach valley is an ideal recreation area.

Dans la vallée de la Leitzach

Lorsque, ayant quitté l'autoroute Munich–Salzbourg à la sortie d'Irschenberg, on prend la direction de Bayrischzell, au bout de quelques kilomètres, on arrive dans la vallée étroite de la Leitzach, entre Hundham et Fischbachau: l'un des endroits les plus romantiques de Haute-Bavière. Dans la vallée de la Leitzach, on trouve tout ce que peut offrir la montagne: vallées fleuries, alpages couverts de gras pâturages, roches grises sous le ciel bleu – mais, ici, tout est un peu moins solennel, plus doux, plus familier. Même la pointe rocheuse du Wendelstein qui surplombe la vallée ne dépasse que de peu les 1800 m d'altitude, et, de plus, deux chemins de fer de montagne en permettent l'accès. La vallées de la Leitzach est donc un lieu de détente idéal où on peut faire des randonnées.

Nella valle del Leitzach

Lasciando l'autostrada Monaco–Salisburgo all'uscita di Irschenberg e volgendosi in direzione di Bayrischzell, dopo qualche chilometro si entra nella stretta valle del torrente Leitzach tra i paesi Hundham e Fischbachau e d'improvviso ci troviamo in uno degli angoli più romantici dell'Alta Baviera. Tutto il paesaggio alpino si presenta: una florida vallata, alpi con erba verde, rocce grigie che si stagliano verso cielo – però tutto in formato piccolo, minuto. Il Wendelstein, che sovrasta la valle, supera di poco i 1800 metri ed è accessibile con due funivie. Un paesaggio ideale per far lunghe passeggiate e godersi la vita.

Der Jodl-Bauer-Hof bei Bayrischzell

Der Jodl-Bauer-Hof ist ein prächtiges Beispiel eines oberbayerischen Einfirsthofes. Bei diesem Bauernhaustyp liegen alle Wohn- und Wirtschaftsbauten unter einem Dach. Der flache Giebel des Wohnteils weist auf die ursprüngliche Deckung mit Legschindeln und Schwerstangen hin, während der mittelsteile Giebel des Stallteils eine Konzession an die Sachzwänge der modernen Landwirtschaft darstellt. Die in Freskotechnik ausgeführte »Lüftlmalerei« mit Fensterumrahmung und freistehenden Figuren ist typisch für den ostoberbayerischen Raum, in solcher Qualität und reicher Ausführung aber selten zu finden.

The Jodl-Bauer house near Bayrischzell

The Jodl-Bauer house is a splendid example of an Upper Bavarian single-ridged farmhouse. In this type of farm both residential and farm buildings lie under one roof. The low gable of the residential part points to the original roofing with shingles and batons while moderate pitch of the stabling section shows a concession to the practicality of modern farming.
The "Lüftlmalerei" carried out in fresco technique with its decoration around the windows and statuesque figures is typical for the eastern part of Bavaria, but is seldom found in such quality and profusion.

Le Jodl-Bauer-Hof près de Bayrischzell

Le Jodl-Bauer-Hof (ferme du paysan iouleur) est un magnifique exemple de l'architecture des fermes de Haute-Bavière. Ce type de ferme réunit sous un seul toit tous les bâtiments d'habitation et d'exploitation. Le pignon plat de la partie réservée à l'habitation témoigne des techniques de couverture traditionelles, à bardeaux posés sur lourdes lattes, tandis que la pente moyenne du pignon de la partie abritant les étables est une concession aux impératifs d'une exploitation agricole moderne.
Les fresque murales dites «Lüftlmalerei», avec décoration des encadrements des fenêtres et figurations isolées, sont caractéristiques de la Haute-Bavière mais rares dans une telle qualité et une telle richesse d'exécution.

Il Jodl-Bauer-Hof presso Bayrischzell

Questo maso, chiamato «Casa d'Adamo e d'Eva» è costruito con un tetto a colmo, tipico dell'Alta Baviera. L'abitazione e le località di servizio si trovano uniti sotto un'unico tetto, lo spiovente piatto dell'abitato ci ricorda la copritura a scandoli originaria con pignoni mentre lo spiovente piú ripido con le stalle ed i magazzini è dovuto al macchinario agricolo moderno.
La «Lüftlmalerei» una specie di tecnica al fresco che incornicia le finestre si sviluppa sui timpani delle case è caratteristica del paesaggio orientale dell'Alta Baviera – purtroppo in questa qualità e sontuosità se ne trovano poche.

59

Tegernsee
Das Tegernseer Tal gehört heute zu den beliebtesten Ausflugs- und Urlaubszielen Deutschlands. Und das Kloster Tegernsee (in der Bildmitte seine heutige Anlage) wurde nach seiner Gründung 746 eine Keimzelle für die Besiedlung und die Entwicklung der Kultur in ganz Südbayern. Auch wenn in den Uferorten des Tegernsees heute drangvolle Enge herrscht, landschaftlich ist der See mit seinen reizvollen Ufern nach wie vor ein Juwel im Voralpengebiet.

Tegernsee
The Tegernsee valley is among the most popular destinations for excursions and holidays. After its foundation in 746, the monastery of Tegernsee (its present lay-out can be seen in the centre of the picture) became the nucleus of settlement and development of culture in South Bavaria. Although the villages today are packed tightly along the shores of Tegernsee, the lake, attractively set in the landscape, is still a jewel of the Alpine foothills.

Tegernsee
Le Tegernsee est l'un des buts d'excursions et l'un des lieux de villégiature les plus fréquentés d'Allemagne. Fondé en 746, le monastère de Tegernsee (au centre de notre photo, dans son état actuel) fut le point de départ du peuplement et du développement de la culture dans toute la Bavière du Sud. S'il règne une étroitesse oppressante dans les villages bordant les rives du Tegernsee, avec ses paysages et le charme de ses rives, ce lac reste un joyau des Préalpes.

Tegernsee
La valle formata dal lago Tegernsee è uno dei luoghi preferiti per le vacanze e per le gite di finesettimana, noto in tutta la Germania. Il convento di Tegernsee (al centro della foto il complesso odierno) divenne dopo la fondazione nel 746 il centro della colonizzazione e dello sviluppo della cultura nella Baviera meridionale. Anche se ormai nei paesi sulle sponde del lago il turismo batte ogni record, il lago stesso rimane sempre uno dei fulcri del paesaggio prealpino bavarese.

Bad Tölz

Als Tölzer wird man in der Regel geboren. Mit sehr viel Glück und Einfühlungsvermögen kann man auch einer werden. Sicher ist freilich: Wer einmal ein Tölzer ist, bleibt es sein Leben lang. Das sprichwörtlich Bodenständige, Altbayerische, die tiefe Verbundenheit auch mit der engeren Heimat – in Tölz ist dies alles lebendiger als andernorts.
Und wer die Geborgenheit kennt, die diese Stadt unter den Vorbergen ausstrahlt, das Anheimelnde, das von ihrer breiten Marktstraße, von ihren behäbigen alten Patrizierhäusern ausgeht, der beneidet die Tölzer um dieses ihr schönstes Privileg: Tölzer zu sein.

Bad Tölz

As a rule one has to be born a Tölzer. With a good deal of luck and tact one may also become one. This is certain: once a Tölzer always a Tölzer. The proverbial nativeness, "Old Bavarian", the strong ties with one's particular homeland – all this is more alive in Tölz than elsewhere.
And those who know the security which radiates from the little town under the Alpine foothills, the cosiness which proceeds from its broad market street and its solid patrician houses, they envy the Tölzer his highest privilege: that of being a Tölzer.

Bad Tölz

Pour être «de Tölz», il faut y être né, en règle générale, car, avec beucoup de chance et d'intuition, on peut le devenir. Mais une chose est sûre: quiconque aura jamais été «de Tölz» le restera sa vie durant. L'attachement au terroir, aux traditions de l'Ancienne Bavière, le profond attachement pour le pays natal au sens le plus étroit – à Tölz, tout cela est plus vivant que partout ailleurs.
Et lorsque l'on connaît la quiétude tranqille qui émane de cette ville au pied des contreforts montagneux, le sentiment d'être bien chez soi que l'on pressent dans sa large Marktstraße ou à la vue de ses anciennes maisons patriciennes bien assises sur leurs fondations, alors on envie à ceux «de Tölz» ce privilège, leur plus beau privilège: être «de Tölz».

Bad Tölz

Ci vuole una particolare sensibilità per capire il carattere degli indigeni di Tölz e tanta fortuna per forse diventare uno di loro. Fatto sta che una volta divenuto abitante di questo paese, lo si rimane per tutta la vita – non c'è più scampo. Il proverbiale attaccamento alla terra patria, alla tradizione bavarese, qui a Tölz è piú sentito, più profondo negli indigeni che non altrove.
E chi ha goduto la sensazione di sicurezza, che emana questa città ai piedi delle prealpi, quel sentimento di agiatezza, che è caratteristico della Marktstraße, la via del mercato, con le antiche case nobili, invidia agli indigeni il loro privilegio: quello di essere nativi di Tölz.

Im Isarwinkel bei Sachsenkam

Wenn sich der Winter in die Felsregionen des Hochgebirges zurückzieht, die Wiesen aper sind und die Knospen schwellen, dann wird es langsam Zeit für eine Wanderung durch die Vorgebirgslandschaft des Isarwinkels. Denn dort kann man sie noch finden, die kleinen Kostbarkeiten der Natur, die anderswo längst den Herbizid-Schwaden einer überschußorientierten Landwirtschaft zum Opfer gefallen sind. Auf den moorigen Wiesen wächst noch das Schneeglöckchen, der zarte, weißblühende Krokus, und selbst die seltenen Wildformen der Narzisse lassen sich vereinzelt finden und – bitte nicht mehr! – liebevoll betrachten.

In the Isarwinkel near Sachsenkam

When winter retreats into the rocky regions of the High Alps, when the meadows are free of snow and the buds swell, then it will soon be time for a walk through the foothill scenery of the Isarwinkel. Then here one can still find them, the little jewels of nature which in other places have long since fallen victim to the pesticide clouds of an agricultural policy aimed at surplus. Snowdrops and delicate white crocuses still grow in the marshy meadows and even a solitary rare wild narcissus can be found and gazed at with pleasure – please not more than that!

Dans l'Isarwinkel près de Sachsenkam

Lorsque l'hiver fait retraite vers les régions rocheuses des hautes montagnes, que les prairies sont libérées de leur manteau de neige et que les bourgeons gonflent, alors il sera bientôt temps de partir en randonnée dans la région préalpine de l'Isarwinkel. Car on peut encore y trouver ces petits trésors de la nature qui, ailleurs, ont depuis longtemps succombé aux herbicides pulvérisés par une agriculture excedentaire. Le perce-neige, le délicat crocus à fleurs blanches y poussent encore dans les prés humides et on peut même y découvrir, ici ou là, quelque variété rare du narcisse sauvage que l'on contemplera avec ravissement – mais sans y toucher, s'il vous plaît!

L'Isarwinkel presso Sachsenkam

Allorquando l'inverno si ritira nei cantucci rocciosi delle alpi, sui prati si scioglie la neve ed i boccioli sono turgidi, è ora di intraprendere una gita nel paesaggio prealpino della regione dell'Isar. Qui ancora si riescono a scovare le rare bellezze della natura che altrove purtroppo sono già state estinte dagli erbicidi di una cultura agraria forsennata. Nei prati palustri spuntano ancora i bucaneve, i gracili crochi coi loro petali bianchi e persino la forma selvaggia dei rarissimi narcisi si incontra ogni tanto e – per favore – ammirarli soltanto, non coglierli. Chi ancora non è sodisfatto da tanta bellezza si rivolga al vicino convento di Reutberg, dove nell'accogliente Bräustüberl (birreria) trova riparo dal gelido vento alpino e può godersi una buona birra.

62

Der Kochelsee
Sie stellt schon eine bewundernswürdige technische Leistung dar, die steile und kurvenreiche Kesselbergstraße, vor allem, wenn man bedenkt, daß sie schon im 15. Jahrhundert als direkte Handelsverbindung zwischen München und Venedig angelegt worden ist – auf Befehl Herzog Albrechts IV., der einer der weisesten Herrscher Bayerns war.
Aus ihren zahlreichen Kehren ergeben sich berückend schöne Ausblicke auf den Kochelsee, dessen kristallklare, vom Schnee der umliegenden Berge gespeiste Fluten Trinkwasserqualität besitzen. Neben dem höher gelegenen Walchensee ist er der sauberste Badesee Deutschlands.

The Kochelsee
The steeply curving Kesselberg road displays an amazing technical achievement, especially when one remembers that it was constructed as early as the C15 as a direct trading route between Munich and Venice – by order of Duke Albrecht IV who was one of the wisest rulers of Bavaria.
From its numerous bends one has enchantingly beautiful views of the Kochelsee. Its crystal clear waters are supplied by the snow of the surrounding mountains and are pure enough to drink. With the Walchensee which lies above it, it is the cleanest bathing lake in Germany.

Le Kochelsee
Abrupte et sinueuse, la route du Kesselberg représente vraiment une admirable performance technique, surtout lorsque l'on songe qu'elle a été construite dès le XVe siècle, pour assurer une liaison commerciale directe entre Munich et Venise – sur l'ordre du duc Albrecht V, qui fut l'un des souverains bavarois les plus sages.
Au gré de ses nombreux lacets, on découvre des vues d'une rare beauté sur le Kochelsee. Alimentés par la fonte des neiges sur les montagnes voisines, ses flots sont d'une pureté de cristal et ses eaux sont potables. Avec le Walchensee situé plus haut, c'est le lac le plus propre d'Allemagne où l'on puisse se baigner.

Il lago Kochelsee
Un'autentica meraviglia della tecnica è questa strada che si sviluppa con tante curve sul Kesselberg – specie se si ricorda che fu tracciata già nel lontano cinquecento come collegamento commerciale diretto tra Venezia e Monaco; fu eretta su ordine del duca Albrecht IV. uno dei sovrani più saggi che la Baviera abbia mai avuto.
Le numerose tornanti permettono panorami impressionanti sul Kochelsee, le cui acque gelide, provenienti dalle montagne, hanno la qualità d'acqua potabile. Oltre al Walchensee, situato piú in alto ancora, è il lago balneare piú pulito della Germania.

Mittenwald

Er war einmal ein bedeutender Handelsplatz, der Markt Mittenwald, um die Wende vom Mittelalter zur Neuzeit, als die Mittenwalder noch Untertanen des Bischofs von Freising waren. In Mittenwald nämlich trafen sich alljährlich die venezianischen Handelsherren mit ihren deutschen Partnern, um abzurechnen: es war der Knotenpunkt des deutschen Italien-handels.
Später hat sich der Handel andere Wege gesucht. Mittenwald aber hat mit seinem weltberühmten Geigenbau zu neuem Wohlstand gefunden, von dem noch heute die erhaltenen Beispiele prächtiger Fassadenmalerei zeugen.

Mittenwald

The market town of Mittenwald was once an important trading centre at the end of the middle ages until the modern times while the people of Mittenwald were still subjects of the Bishop of Freising. In Mittenwald the Venetian merchants annually met their German partners to settle accounts: it was the centre of German-Italian trade.
Later the trade sought other routes. Mittenwald however had found new prosperity with its world-famous violin making, and there is still witness to this in the remaining splendid examples of fresco-painting on the façades.

Mittenwald

La ville de marché de Mittenwald fut une importante place de commerce à l'époque charnière entre le Moyen-Age et les temps modernes, alors que les habitants de Mittenwald étaient encore sujets de l'évêque de Freising. En effet, c'est à Mittenwald que se rencontraient tous les ans les négociants vénitiens et leurs partenaires allemands pour y régler leurs affaires. C'était le carrefour du commerce allemand vers l'Italie.
Par la suite, les routes commerciales se sont déplacées. Mais Mittenwald a trouvé une nouvelle source de prospérité dans son industrie de la lutherie, activité célèbre dans le monde entier dont témoignent encore les magnifiques fresques murales conservées sur les façades.

Mittenwald

Un tempo, a cavallo tra medioevo e tempi moderni, allorquando gli indigeni erano sudditi del Vescovo di Freising, Mittenwald fu un importante centro di mercato e commercio. Ivi, una volta all'anno si davano convegno i commercianti di Venezia con i loro colleghi germanici per saldare i conti: Mittenwald era ritenuto il centro del commercio germanico con l'Italia. Piú tardi il commercio trovò altre vie di comunicazione. Mittenwald invece si dedicò alla costruzione dei famosi violini e trovò nuova ricchezza, della quale ci parlano le sontuose facciate con i bellissimi affreschi.

Der Eibsee

Der fast tausend Meter hoch gelegene Eibsee war einmal eines der romantischsten Fleckerl Bayerns und eines der landschaftlich großartigsten dazu, eingebettet unter die steil abfallenden Nordwände der Zugspitze und der Waxensteine, und an manchen ruhigen Werktagen im zeitigen Frühjahr oder im späten Herbst ist er dies auch heute noch.

Während der Saison freilich bietet der Eibsee ein eindrucksvolles Beispiel für perfekt durchrationalisierten Massentourismus mit all jenen akustischen und architektonischen Begleiterscheinungen, die den Reiseveranstalter froh, den Naturfreund aber eher traurig stimmen.

The Eibsee

Eibsee, which lies at a height of almost a thousand metres, was once one of the most romantic spots in Bavaria and one of the most beautiful in addition, tucked away under the steeply sloping north face of the Zugspitze and the Waxenstein, and on a few quiet weekdays in early spring or late autumn it is still so.

During the season however, Eibsee is an impressive example of perfectly organized mass-tourism, with all the acoustic and architectural accompaniments which make the tourist-guide happy but the nature-lover sad instead.

L'Eibsee

Situé à près de mille mètres d'altitude, l'Eibsee fut l'un des endroits les plus romantiques de Bavière et, enserré entre les pentes abruptes des parois nord de la Zugspitze et de celles du Waxenstein, il offrait aussi l'un des panoramas les plus grandioses. Certains jours ouvrables d'un printemps précoce ou d'un automne attardé, il en est encore ainsi.

Pendant la saison, par contre, l'Eibsee est l'exemple même d'un tourisme de masse parfaitement rationalisé, avec tous les phénomènes acoustiques et architectoniques que cela implique, pour le plus grand bonheur des voyagistes, mais à la grande tristesse des amis de la nature.

L'Eibsee

Questo lago, situato all'altitudine di quasi mille metri fu un tempo il cantuccio più romantico della Baviera; ed uno dei più bei laghi, incastonato com'è nel paesaggio circondato dalle ripidi pareti settentrionali della Zugspitze e dei Waxenstein. Lo è però ormai soltanto nelle pacifiche giornate feriali ai primi di primavera o nel tardo autunno. In piena stagione però l'Eibsee è un esempio tipico del turismo di massa, perfettamente organizzato con tutti i rumori e svaghi, che fanno orgoglioso l'organizzatore ed empiono di tristezza l'amico della natura.

Die Zugspitze

Als westlicher Gipfel der Wettersteinkette, die als mächtiger Riegel zwischen Mittenwald und Garmisch-Partenkirchen Bayern von Österreich trennt, erhebt sich die Zugspitze hoch über das Werdenfelser Land. Nur 37 Meter fehlen ihr zum Dreitausender, aber auch so ist sie der höchste Berg Bayerns und damit auch Deutschlands. Genaugenommen ist sie freilich nur deren höchster halber Berg, denn die Tiroler haben sich ein großes Stück aus dem wuchtigen Felsmassiv herausgeschnitten. Dementsprechend gibt es auch zwei Möglichkeiten, ohne Anstrengung auf den Gipfel zu kommen, nämlich die bayerische Zahnradbahn und die österreichische Kabinenseilbahn.

The Zugspitze

The Zugspitze rises high above the Werdenfelser land as the most westerly summit of the Wetterstein chain of mountains which divide Bavaria from Austria between Mittenwald and Garmisch-Partenkirchen like a mighty barrier. It only needs another 37 metres to be a "three-thousander", but even without them it is the highest mountain in Bavaria and therefore in Germany. To be precise, it is only the highest half-mountain, since Tyrol has taken a large slice of this huge mass of rock. For this reason there are two possibilities of reaching the summit with no great effort, namely the Bavarian cog-railway and the Austrian cable-car railway. For the mountaineer the Zugspitze is a serious matter which demands endurance, experience and good equipment.

La Zugspitze

Sommet ouest de la chaîne du Wetterstein qui, formant un puissant verrou entre Mittenwald et Garmisch-Partenkirchen, sépare la Bavière de l'Autriche, la Zugspitze domine de toute son altitude le Werdenfelser Land. Il ne lui manque que 37 m pour atteindre les trois mille mètres mais c'est pourtant le plus haut sommet de Bavière et donc d'Allemagne. Pour être plus précis, ce n'est que la plus haute demi-montagne car les Tyroliens se sont taillé une large part dans ce puissant massif rocheux. Aussi y a-t-il deux possibilités d'accedér au sommet sans effort, le chemin de fer à crémaillère bavarois et le téléphérique autrichien. Pour l'alpiniste, la Zugspitze est une expédition à ne pas prendre à la légère qui exige de l'endurance, de l'expérience et un bon équipement.

La Zugspitze

Alla cima occidentale piú alta della catena alpina del Wetterstein, che simile ad una gigantesca barriera tra Mittenwald e Garmisch-Partenkirchen divide la Baviera dall'Austria, alla Zugspitze, che guarda sul Werdenfelser Land, mancano soltanto 37 metri per raggiungere i 3000 metri; ciononostante è la montagna piú alta della Germania e della Baviera; per la verità però solo in parte, perche l'altra metà la reclamano per se gli austriaci sul cui terreno si estende parte della montagna. Perciò la vetta è raggiungibile con una funivia da parte austriaca e da una ferrovia a cremagliera dal lato bavarese. Per l'alpinista la Zugspitze costituisce una seria scalata per la quale si ha bisogno di costanza, esercizio ed equipaggiamento adatto.

67

Kloster Ettal
Der Sage nach war es ein Zeichen einer aus Italien mitgebrachten Marienstatue, das Kaiser Ludwig den Bayern 1330 zur Gründung des Klosters Ettal bewog. Das angegliederte Ritterstift weist jedoch darauf hin, daß strategische Erwägungen wohl die aussschlaggebende Rolle gespielt haben.
Die Klosterkirche ist in ihrem Kern ein hochgotischer Zentralbau und damit eine architektonische Rarität. Ab 1710 wurde sie nach einem Brand nach Plänen des Münchner Hofbaumeisters Enrico Zuccalli barock umgestaltet und erhielt statt des Zeltdaches ihre heutige Kuppel. 1803 säkularisiert, wurde Ettal erst mehr als hundert Jahre später dank privater Stiftungen wieder Benediktinerabtei.

The monastery of Ettal
According to legend it was a sign from the statue of the Virgin brought from Italy which caused Emperor Ludwig the Bavarian to found the monastery of Ettal in 1330. The adjoining knights' foundation however indicates that strategic considerations must have played a determining role.
The monastery church is in essence a high-Gothic centralized building and thereby an architectural curiosity. After a fire, it was redesigned from 1710 on in the baroque style by the master builder of the court in Munich, Enrico Zuccalli, and instead of a pyramid roof was given its present cupola.
Secularized in 1803, Ettal became a Benedictine abbey again more than a hundred years later as a result of private donations.

La monastère d'Ettal
La légende dit que c'est en réponse à un signe émanant d'une statue de la Vierge rapportée d'Italie que l'empereur Louis le Bavarois décida en 1330 de fonder le monastère d'Ettal. Mais l'ordre de chevaliers qui y fut rattaché indique que des considérations d'ordre stratégique ont sans doute joué un rôle déterminant.
L'église du monastère est, dans sa partie essentielle, de plan dodécagonal et de style gothique rayonnant, ce qui en fait une rareté architecturale.
A partir de 1710, à la suite d'un incendie, elle fut transformée en style baroque d'après des plans de l'architecte de la cour de Munich, Enrico Zuccalli et son toit en bâtière fut remplacé par la coupole actuelle. Sécularisé en 1803, Ettal ne redevint monastère de Bénédictins.

Il convento di Ettal
La leggenda racconta che una statua di marmo della Santa Vergine proveniente dall'Italia, abbia fatto un gesto all'Imperatore Ludwig der Bayer e lo abbia convinto a costruire un convento. La Collegiata dei Cavalieri aggiunta fa però pensare piuttosto a concetti strategici di insediare qui un'avamposto. La chiesa conventuale originariamente era a pianta centrale in stile altogotico – un fatto molto raro. Dal 1710 in poi, dopo un grave incendio, fu restaurata e rinnovata dall'architetto di corte Enrico Zuccalli in stile barocco ed al posto del tetto a tenda fu costruita l'odierna cupola. Secolarizzato nel 1803 il convento dei benedettini fu installato nuovamente soltanto cent'anni più tardi grazie a donazioni di privati.

Schloß Linderhof

Es gibt sie heute noch, die uralte Linde im Graswangtal, nach der zuerst der Hof eines Bauernge-schlechts, dann ein königliches Jagdhaus, schließlich das Sommerschloß Ludwigs II. benannt wurde.
Unter den bayerischen Königsschlössern ist Linder-hof sicher das intimste, privateste, am einfühlsam-sten einer Landschaft angepaßte. Tatsächlich kann auch die verschwenderische Rokokofassade nichts daran ändern, daß das Schloß – zunächst als einfache Holzkonstruktion in Ständerbauweise konzipiert – eher einer Villa des späten 19. Jahrhunderts gleicht.
Dagegen wahrt die ganz im Barock- und Rokoko-stil gehaltene Innenausstattung den glanzvollen höfischen Charakter.

The Palace of Linderhof

It still stands to this day, the ancient linden tree in the Graswang valley which gave its name firstly to the home of a farming family, then to a royal hunting lodge and finally the summer palace of Ludwig II.
Of all the Bavarian royal palaces, Linderhof is surely the most intimate, the most private, sympathetical-ly fitted into a landscape. In reality the extravagant rococo façade cannot alter the fact that the palace – conceived first of all as a simple timber construction in framed system – looks more like a C19 villa. In contrast the interior decorations, totally baroque in style, preserve the grand courtly character.

Le château de Linderhof

Il existe encore, dans le Graswangtal, le tilleul plu-sieurs fois centenaire qui donna son nom, d'abord à la ferme d'une famille de paysans, ensuite au pavill-lon de chasse d'un roi et enfin à un château, résiden-ce d'été de Louis II.
De toutes les résidences royales de Bavière, Linder-hof est sans aucun doute la plus intime et la plus personnelle dans son harmonie subtile avec le paysa-ge. En effet, même le luxe d'ornementation de la fa-çade rococo ne peut rien changer au fait que le châ-teau – à l'origine simple construction en bois et à co-lombages – ressemble plutôt à une villa de la fin du XIXe siècle. Par contre, la décoration intérieure tout entière en baroque et en rococo affirme le caractère brillant de résidence royale.

Il castello di Linderhof

Esiste ancora oggi l'antichissimo tiglio nella valle Graswangtal che diede nome prima al maso di con-tadini, poi al castello di caccia reale ed infine alla re-sidenza estiva di Re Ludwig II. Tra i castelli bavaresi Schloß Linderhof indubbiamente è quello più inti-mo, più privato inserito sensibilmente nel paesaggio, che attrae per le dolci colline delle prealpi più che per la maestosità delle pareti rocciose. Persino la sontuo-sa facciata rococo non può nascondere – orginaria-mente una semplice costruzione in legno – l'ideale di una villa della fine dell'ottocento. L'interno invece, decorato completamente in stile rococo e barocco, ci dimostra il suo carattere pomposo della corte.

Wieskirche

Bayern ist reich an prachtvollen Barock- und Rokokokirchen. Wenn unter diesen vielen eine so unbestritten den Rang der schönsten behaupten kann, so muß schon etwas Besonderes um sie sein.

Eine Christusfigur – der Heiland an der Geißelsäule – hat den Anstoß für eine Wallfahrt, diese wiederum den Anlaß zum Bau einer Kirche gegeben, die weltweit zum Symbol der bayerischen Barockkultur geworden ist. Ihr Baumeister, der geniale Dominikus Zimmermann, hat von seinem Meisterwerk nicht mehr lassen wollen: Nahe der Kirche hat er sich ein kleines Haus gebaut, wo er wenige Jahre später auch gestorben ist.

Wieskirche

Bavaria has a profusion of splendid baroque and rococo churches. For one of this multitude to prove itself worthy of the title "most beautiful", it must be something very special.
A figure of Christ at the Scouring-post initiated a pilgrimage, and this in its turn was reason to build a church which has since become symbol of Bavarian baroque art all over the world. Its architect, the brilliant Dominikus Zimmermann, did not want to leave his masterpiece. He built himself a little house near the church and died there only a few years later.

L'église de Wies

La Bavière est riche en sompteuses églises baroques et rococo. Et pour que l'une d'elles se voie conférer avec une telle unanimeté le titre incontesté de «plus belle entre toutes», il faut vraiment qu'elle ait quelque chose de particulier.
Une figuration du Christ – La Flagellation du Sauveur – fut le point de départ d'un pèlerinage, lequel entraîna la construction d'une église qui est devenue dans le monde entier le symbole du baroque bavarois. Son maître d'œuvre, le génial Dominikus Zimmermann, n'a pas voulu s'éloigner de son chef-d'œuvre. Non loin de l'église, il s'est construit une petite maison où il est mort quelques années plus tard.

Wieskirche

La Baviera è ricca di sontuose chiese del Barocco e del Rococo. Perciò dev'essere eccezionale una Casa di Dio che tra queste viene considerata unanimamente la piú bella di tutte. Una figura di Cristo – la flagellazione del Redentore – diede inizio al pellegrinaggio; pochi anni più tardi ebbe inizio la costruzione di una chiesa, che divenne in tutto il mondo fulcro e simbolo del barocco bavarese. L'architetto Dominikus Zimmermann non volle lasciare il suo capolavoro; in vicinanza della chiesa si è costruito una casetta, ove qualche anno più tardi morí.

Landsberg am Lech

Wie so viele Städte in Bayern verdankt auch Landsberg seine Entstehung dem Salzhandel. Als Gründung Heinrichs des Löwen hatte die »Landespurc« den Verbindungsweg zwischen Bayern und Schwaben zu schützen, der hier den Lech querte. Noch heute kündet die über weite Teile erhaltene Stadtbefestigung von der einstigen Wehrhaftigkeit. Das im Bild gezeigte Bayertor stammt aus der zweiten Stadterweiterung im 15. Jahrhundert. Die Mauern umschließen eine stattliche Landstadt, die ihren eigentümlichen Reiz aus der Verbindung bayerischer und schwäbischer Elemente gewinnt.

Landsberg on the Lech

Like so many towns in Bavaria, Landsberg owes its existence to the salt trade. Founded by Henry the Lion, the "Landespurc" (castle of the land) had to defend the connecting road between Bavaria and Swabia which crosses the Lech at this point. Today the town defences, which are preserved to a great extent, show the former strong fortifications. The Bayertor in the picture dates from the second extension of the town in the C15. The walls enclose a stately country town which owes its peculiar charm to a mixture of Bavarian and Swabian elements.

Landsberg sur le Lech

Comme tant de villes en Bavière, Landsberg doit sa naissance au commerce du sel. La «Landespurc» avait été fondée par Henri le Lion dans le but de protéger la route reliant la Souabe à la Bavière qui traversait le Lech en cet endroit.
Aujourd'hui encore, les fortifications de la ville en grande partie conservées témoignent de la vocation de défense qu'elle avait autrefois. Le «Bayertor» (Porte de Bavière) de la photo date de la deuxième vague de travaux d'agrandissement entrepris au XVe siècle. Le murailles entourent une ville de province assez importante qui doit son charme particulier au mélange des éléments bavarois et souabes.

Landsberg sul Lech

Come tante città bavaresi anche Landsberg deve la sua fondazione al commercio del sale. Fondata da Enrico il Leone «Landspurc» (fortezza a terra) ebbe il compito di difendere le vie di transito tra Baviera e Svevia che qui passavano il fiume Lech.
Ancor oggi la muraglia cittadina in gran parte conservata ci documenta l'importanza della fortezza. La porta della città «Bayertor» venne costruita durante il secondo ingrandimento nel quattrocento. Le mura circondano un grande paese rurale che trae le sue caratteristiche dalla fusione di elementi bavaresi con quelli svevi.

Auf der Ilka-Höhe am Starnberger See

Sonntags im August hat man mitunter den Eindruck, als habe sich die Einwohnerschaft der nahen Landeshauptstadt geschlossen an seinen Badestränden versammelt, aber wenn sich die Volksmassen wieder verlaufen haben, entfaltet der Starnberger See seinen besonderen Reiz, und im zeitigen Frühjahr oder im späten Herbst kann man ihn noch unverfälscht vom Touristenrummel genießen.

Bereits im vorigen Jahrhundert galt es als Privileg einer zahlungskräftigen – schon damals nicht immer einheimischen – Oberschicht, sich an seinen Ufern anzusiedeln, und vielleicht war dies ein Glück, denn auf diese Weise ist ihm die protzige Isolierglas-Architektur bundesdeutscher Wohlstands-Alterssitze weithin erspart geblieben.

On the Ilka-height by Lake Starnberg

On Sundays in August one has the impression that the whole population of the nearby capital of the country has gathered on its bathing beaches, but when the masses have dispersed again Lake Starnberg discloses its special charm, and in early spring or late autumn one can enjoy it unmarred by the hubbub of tourists.

Already in the last century it was considered a privilege of the wealthy upper class to settle on its shores – and even in those days the residents were not merely locals. Perhaps this was an advantage, since in this way it has been preserved from the insulated-glass architecture of retired German affluents.

Sur la hauteur de l'Ilka près du lac de Starnberg

Certains dimanches du mois d'août, on dirait que tous les habitants de la capitale toute proche se sont donné le mot pour se retrouver sur ses plages mais, lorsque la foule s'est dispersée, le lac de Starnberg retrouve son charme particulier et, par une journée de printemps précoce ou d'automne attardé, on peut encore le savourer, intact, sans l'agitation des touristes.

Dès le siècle dernier, avoir une résidence sur ses rives était devenu le privilège d'une classe supérieure fortunée – déjà pas toujours autochtone – et cela fut peut-être une chance car cela lui a largement épargné une architecture ostentatoire, bardée de verre isolant, caractéristique des demeures des retraités allemands aisés.

L'altura Ilkahöhe sul Starnberger See

In una domenica d'agosto si ha l'impressione che tutti gli abitanti della vicina capitale Monaco si siano riversati sulle rive del lago di Starnberg. Quando le masse però si sono dissolte, il lago sviluppa la sua originiaria attrazione specie nelle prime giorniaria primaverili o nel tardo autunno. Già nel secolo scorso era un privilegio dei benestanti – che non sempre erano indigeni – di abitare alle sponde del lago e forse era una fortuna evitando così l'insediamento dei neoricchi del nostro secolo. Chi oggi tra Feldafing e Berg attraversa i parchi delle ville sontuose, dei castelli privati e delle sedi estive si sente come all'epoca di Ludwig II. che qui era solito passeggiare con la sua Sissi (Elisabetta d'Austria).

Dachau, auf der Schloßterrasse
Vom Dachauer Schloß, der einstigen imposanten Vierflügelanlage, die 1715 einst Kurfürst Maximilian sich zur Sommerresidenz ausgebaut hatte, ist heute leider nur noch der Südwesttrakt erhalten. Er enthält einen Festsaal mit einer einzigartigen Kassettendecke. Von der Terrasse und dem wunderschönen Barockgarten aus, der wie eine Balustrade über Stadt und Ampertal thront, hat man einen herrlichen Blick über die Münchener Ebene bis hin zu den Alpen.

Dachau, on the terrace of the palace
Unfortunately, all that remains of the imposing four-winged palace of Dachau, which the Elector Maximilian built as a summer residence, is the south-west wing. It contains a banqueting hall with a unique coffered ceiling. From the terrace and the beautiful Baroque gardens which spread like a balustrade over the town and the Amper valley one has a magnificent view across the plain around Munich to the Alps beyond.

Dachau, sur la terrasse du château
Du château de Dachau – qui fut un imposant édifice à quatre ailes, agrandi en 1715 par l'Electeur Maximilian pour en faire sa résidence d'été – il ne reste malheureusement plus que l'aile sud-ouest. Elle abrite une salle des fêtes dotée d'un admirable plafond à caissons. De la terrasse et du merveilleux jardin baroque qui, tel un balcon, s'ouvre sur la ville et sur la vallée de l'Amper, on a une vue splendide sur la plaine de Munich jusqu'aux Alpes.

Dachau, terrazza del castello
Del castello di Dachau con la pianta originaria a quattro ali, che nel 1715 il Principe Elettore Maximilian fece rinnovare come residenza estiva, purtroppo è conservato soltanto l'ala verso sud-ovest con la famosa, pomposa soffitta a cassettoni della Sala di Feste. Dalla terrazza e dal bellissimo giardino in stile barocco, che simile ad una balaustrata si sporge sulla città e sulla valle del fiume Amper, si gode un magnifico panorama sulla pianura di Monaco con lo sfondo della catena delle alpi.

Im Englischen Garten von München

Er war nicht beliebt in Bayern, der Amerikaner Sir Benjamin Thompson, der es im Dienst des nicht minder unbeliebten Kurfürsten Karl Theodor immerhin vom Leibadjutanten zum Oberbefehlshaber der Kurpfalzbayerischen Armee und zum Titel eines Grafen Rumford gebracht hatte. Immerhin waren es seine Soldaten, die im Zuge der Heeresreform den sumpfigen Hirschanger nördlich der Stadtmauer trockengelegt und zu einem »Militärgarten« im englischen Stil gestaltet haben.
Dieser ist inzwischen lange schon zivil geworden, ein Ort des typisch münchnerischen Leben- und Lebenlassens, der Raum gibt für die unterschiedlichsten Arten der Freizeitgestaltung.

In the English Garden of Munich

The American, Sir Benjamin Thompson, was not popular in Bavaria. In the service of his not less unpopular elector, Karl Theodor, he rose nevertheless from aide-de-camp to commandant of the Palatine-Bavarian army and to the title Count Rumford. For all that, it was his soldiers who in the course of military reform drained the marshy deer-park to the north of the town walls, and made it into a "military garden" in the English style.
This has long since become civilian, a place of typical Munich live and let live which has enough room for the most varied types of recreation.

Dans le Jardin Anglais de Munich

Il n'était pas aimé des Bavarois, l'Américain Sir Benjamin Thompson qui, au service du non moins impopulaire Electeur Karl Theodor, n'en a pas moins réussi à s'élever du grade d'officier d'ordonnance jusqu'au rang de commandant en chef de l'armée de Bavière-Palatinat et au titre de comte Rumford. Ce sont pourtant ses soldats qui, dans le cadre de la réforme de l'armée, asséchèrent les marécages d'Hirschanger au nord des murs de la ville et en firent un «jardin militaire» de style anglais.
Depuis longtemps abandonné aux civils, il est devenu l'un de ces lieux typiquement munichois où l'on «vit et laisse vivre» et il offre son espace à toutes sortes d'activités de loisirs.

Il Giardino Inglese a Monaco

Non era beneamato dai bavaresi l'americano Sir Benjamin Thompson che al servizio del Principe Elettore Karl Theodor da semplice ufficiale d'ordonnanza divenne capo dell'armata del Palatinato Elettore Bavarese e fu poi persino nominato Conte di Rumford. Erano i suoi soldati, che riformando l'armata, risanarono il cosidetto Hirschanger, un terreno paludoso a nord delle mura cittadine di Monaco e ne fecero un giardino militare in stile inglese.
Frattanto il giardino è aperto a tutti ed un ritrovo tipico secondo il motto bavarese «Vivere e lasciar vivere» ed offre posto per i più diversi svaghi. Passeggiando sui prati tra i vecchi alberi si può godere il panorama della turrita città e si dovrebbe covare nel cuore un ringraziamento al tanto criticato conte Rumford.

München, Theatinerkirche

Ein freudiges Ereignis gab den Anlaß zum Bau der monumentalen Pfarrkirche St. Kajetan: 1662 wurde dem bayerischen Kurfürsten Ferdinand Maria und dessen Gemahlin Henriette Adelaide von Savoyen der langersehnte Erbe, Max Emanuel, geboren. Zum Dank berief die Kurfürstin den Theatinerorden nach München und gab den Auftrag zu einer Kirche, die sich an der römischen Mutterkirche des Ordens orientieren sollte. Hierzu berief sie italienische Baumeister, die den neuen Stil des Barock nach Bayern brachten. So kann man sagen, daß die blühende bayerische Barockkultur mit der Theatinerkirche ihren eigentlichen Anfang genommen hat.

Munich, Theatine church

A happy event gave rise to the building of the monumental parish church of St Kajetan: in 1662 the long-desired heir, Max Emanuel, was born to the Bavarian elector Ferdinand Maria and his wife Henriette Adelaide of Savoy. As a thank-offering, the electoress appointed the Theatine order to Munich, and gave instructions for a church to be built which should be based on the mother-church of the order. To this effect she commissioned Italian architects who brought the new baroque style to Bavaria. So one con say that the flourishing Bavarian baroque culture had its actual beginning with the Theatine church.

Munich, l'eglise des Théatins

Un heureux événement fut à l'origine de la construction de la monumentale église paroissiale Saint-Kajetan: en 1662, l'Electeur de Bavière Ferdinand Maria et son épouse Henriette Adelaïde de Savoie fêtaient la naissance de leur héritier longtemps désiré, Max Emanuel. Pour exprimer sa gratitude, l'Electrice appela à Munich l'ordre des Théatins et lui donna pour mission d'édifier une église sur le modèle de l'église mère à Rome. A cet effet, elle fit venir des maîtres d'œuvre italiens qui apportèrent à Munich un style nouveau, le baroque. Ainsi peut-on dire que l'église des Théatins marque le véritable point de départ de la culture baroque qui s'épanouira en Bavière.

La Theatinerkirche a Monaco

Era un'evento gioioso che diede l'avvio alla costruzione della monumentale parrocchiale di St. Kajetan: nell'anno 1662 nacque il tanto desiderato figlio del Principe Elettore Ferdinand Maria e di sua moglie Henriette Adelaide di Savoya, Max Emanuel. Per ringraziamento la Principessa chiamò a Monaco l'ordine dei Teatini e diede l'avvio alla costruzione di una chiesa simile alla madrechiesa a Roma. Fece venire architetti italiani che portarono uno stile nuovo, il barocco, nella capitale bavarese. Si puó dire, che lo stile barocco bavarese abbia avuto il suo inizio con costruzione della Theatinerkirche a Monaco.

Schloß Nymphenburg

Die zur Stadtseite hin breit gelagerte Front des Schlosses Nymphenburg läßt noch heute die einzelnen Bauabschnitte klar hervortreten. Der Mittelbau, ein einfacher Würfelblock, entstand als Sommervilla, als »Schwaige Nymphenburg« der Kurfürstin Henriette Adelaide ab 1664. Deren Sohn, der prachtliebende Max Emanuel, ließ zunächst die vier flankierenden, durch flachere Riegelbauten mit dem ursprünglichen Schloß verbundenen Seitenpavillons errichten, später die Flügelbauten anfügen und die Fassade vereinheitlichen, während unter Karl Albrecht, dem glücklosen Kaiser Karl VII., das charakteristische Rondell entstand, das von zehn Pavillons gebildet wird.

Nymphenburg Palace

In the widely spread façade of the palace of Nymphenburg which faces towards the town one can still recognize the individual stages of building. The central part, a simple cube, was created from 1664 onwards as a summer villa, the "Schwaige Nymphenburg" of the electress Henriette Adelaide. Her son, the pomp-loving Max Emanuel, first had the four flanking side pavilions built which were joined to the original palace by lower tracts.
Later the wings were added and the façade unified, whilst under Karl Albrecht, the unfortunate Emperor Karl VII, the characteristic rondell was built, formed by ten adjacent pavilions.

Le château de Nymphenburg

La longue façade tournée vers la ville permet aujourd'hui encore de bien distinguer les différentes phases de construction. Le simple cube de l'édifice central fut entrepris en 1664, comme résidence d'été, «Schwaige Nymphenburg», de l'Electrice Henriette Adelaïde. Son fils Max Emanuel, qui aimait le faste, fit d'abord édifier les quatre pavillons latéraux flanquant le premier édifice et reliés à celui-ci par des constructions plus basses. Plus tard, il fit ajouter les constructions des ailes es fit doter la façade d'une plus grande unité tandis que le rond-point caractéristique, bordé de dix pavillons, fut aménagé sous Karl Albrecht, l'infortuné empereur Charles VII.

La residenza Nymphenburg

L'ampia facciata della residenza di Nymphenburg volta verso la città, dimostra ancor oggi le diverse fasi di costruzione. L'edificio centrale, un semplice cubo, sorse come villa estiva «Schwaige Nymphenburg» della Principessa Henriette Adelaide die Savoya dal 1664. Suo figlio, il fastoso Max Emanuel fece erigere prima i quattro padiglioni laterali connessi da edifici piú bassi colla residenza originaria, più tardi aggiunse le ali e fece unificare la facciata; sotto Karl Albrecht, lo sfortunato Imperatore Karl VII., fu eretto il caratteristico rondò formato da dieci padiglioni.

Erding, der »Schöne Turm«

Es läßt sich gut leben in der kleinen Stadt im nord-östlichen Hinterland Münchens, altbayerisch behäbig noch und trotz S-Bahnanschluß nicht so urbanisiert und überfremdet wie im südlichen Umkreis. Daran ist nicht nur das berühmte Weißbier schuld – dessen Name übrigens wenig mit der Farbe, aber sehr viel mit Weizen zu tun hat –, sondern mehr noch das Umland, denn ein Moos auf der einen, ein Wald auf der anderen Seite haben dafür gesorgt, daß der Ort klein und überschaubar geblieben ist.

Erding, the "Beautiful Tower"

One can live well in the little town in the north-east hinterland of Munich, still placidly "Old Bavarian" and, in spite of the commuter train service, not so urbanized and foreignized as in the southern region. The famous "Weißbier" – incidentally the name comes from wheat (Weizen) and not the colour white (weiß) – cannot be blamed for this but rather the surroundings. Then a moor on one side and a forest on the other have ensured that the town has remained small and comprehensible.

Erding, la «Belle Tour»

Il fait bon vivre dans cette petite ville au nord-est de Munich. Si elle a conservé son aimable caractère très Ancienne Bavière et si, malgré sa gare de trains de banlieue, elle n'a pas été aussi touchée que le sud de Munich par l'urbanisation ni par l'arrivée de populations nouvelles, cela ne tient pas seulement à sa célèbre «Weißbier» – bière dont le nom ne vient pas de «weiß» (=blanc) mais de «Weizen» (=blé) – mais bien plutôt à sa situation naturelle car, avec des marécages d'un côté et une forêt de l'autre côté, la ville est restée petite et à la mesure de l'homme.

Erding, la «Torre Bella»

Nella piccola città situata a nordest di Monaco si può vivere molto bene, una città di carattere prettamente bavarese, anche se collegata strettamente alla capitale meno socievole ed invasa da troppi stranieri specie nel meridione di Monaco. Causa non ne è soltanto il famoso «Weissbier» – (weiss = bianco, in questo caso però proviene da Weizen = grano) ma più i dintorni: il paesaggio paludoso del Moos da una ed i boschi dall'altra parte, hanno fatto che la località rimanga piccola e simpaticamente umana.

Freising, Blick auf den Domberg
Man sieht sie noch weit im Erdinger Moos, die mächtigen, gedrungenen Türme des romanischen Domes – steinerne Zeugen der großen Vergangenheit einer heute kleinen Stadt. Diese Vergangenheit hat Freisings Bischöfe zu Reichsfürsten und Herren über weite Ländereien gemacht, die bis an den Fuß der Zugspitze reichten. Längst hat Freising seine Bedeutung und selbst seinen Bischof an München verloren. Was blieb, ist neben der Hochschule für Brauerei und Landwirtschaft im ehemaligen Benediktinerstift Weihenstephan der Ruhm der ältesten Brauerei Bayerns und eine Beschaulichkeit, die das hektische Getriebe der nahen Landeshauptstadt rasch vergessen läßt.

Freising, view to the cathedral hill
One can see them far off in the Erdinger moor, the solid squat towers of the Romanesque cathedral – silent witnesses of the great past of a town which today is quite small. This past made Freising's bishops into imperial lords and owners of vast estates which reached to the foot of the Zugspitze. Freising has long since lost its importance and even lost its bishop to Munich. What remains in addition to the Brewing and Agricultural College in the former Benedictine foundation of Weihenstephan is the fame of Bavaria's oldest brewery and a tranquility which allows one to quickly forget the hectic bustle of the nearby capital.

Freising, vue sur le Domberg
On les voit de loin dans le Erdinger Moos, les tours puissantes et trapues de la cathédrale romane – témoins de pierre du grand passé d'une ville aujourd'hui peu importante, témoins d'une époque où les évêques de Freising avaient le rang de princes d'Empire et régnaient sur de vastes domaines qui s'étendaient jusqu'au pied de la Zugspitze.
Il y a longtemps que Freising a perdu son importance, et même son évêque, au profit de Munich. Mis à part l'Ecole Supérieure de Brasserie et d'Agronomie installée dans l'ancien monastère de Bénédictins de Weihenstephan, il ne lui est resté que la gloire de posséder la plus ancienne brasserie de Bavière et une tranquillité qui fai vite oublier l'agitation effrénée de la capitale toute proche.

Panorama sul Domberg di Frisinga
Già da lontano, persino dall'Erdinger Moos, si vedono le massicce e tozze torri del Duomo romanico – testimoni petrificati di un grande passato di una piccola cittadina. Questo passato aveva fatto dei vescovi di Frisinga signori potenti con poderi che si estendevano persino fino ai piedi della Zugspitze. Però già da tanto tempo Frisinga ha perso la sua importanza ed anche l'onore del Vescovado è stato trasferito a Monaco. Rimase l'accademia per la fabbricazione della birra ed agricoltura nella ex-fondazione benedittina Weihenstephan e l'onore di avere la fabbrica di birra più antica della Baviera; inoltre l'accoglienza della cittadina e l'amenità dei dintorni fanno ben presto scordare lo stress e la vita frenetica della vicina capitale.

Wallfahrtskirche Maria Birnbaum

»Oh du heilige Jungfrau und Mutter Gottes, find ich dich hier?«, hat die Anna Burgerin aus Meran ausgerufen, als ihr nach vielen vergeblichen Wallfahrten vor dem bescheidenen, in einem hohlen Birnbaum geborgenen Vesperbild Gnade und Hilfe zuteil wurde. Schon kurze Zeit später, ab 1661, hat der Deutsche Orden für die rasch aufblühende Wallfahrt eine Kirche errichtet, in deren Hochaltar der Birnbaum mit dem Gnadenbild eingelassen ist. Das ebenso reizvolle wie originelle Bauwerk zählt zu den frühesten Zeugnissen des Barock in Bayern. Seine Ausstattung, besonders aber die Stukkaturen Matthias Schmuzers, sind von höchster Qualität.

The pilgrimage church of Maria Birnbaum

"Oh Thou Holy Virgin and Blessed Lady, do I find Thee here?" cried Anna Burgerin of Meran as, after many vain pilgrimages, mercy and succour were bestowed on her in front of the modest Pietà hidden in a hollow pear-tree (Birnbaum). Shortly afterwards, in 1661, the Teutonic Order erected a church for the quickly flourishing pilgrimage, in the high altar of which the pear-tree with its miraculous picture was incorporated. The building, which is as charming as it is original, counts among the earliest examples of baroque in Bavaria. Its furnishings, particularly the stucco-work of Matthias Schmuzer, are of the highest quality.

L'église de pèlerinage Maria Birnbaum

«O Sainte Vierge et Mère de Dieu, te trouverai-je ici?» s'est écriée Anna Burgerin de Merano lorsque, après dè nombreux pèlerinages faits en vain devant la modeste Piéta cachée dans un poirier creux, il lui fut enfin apporté grâce et secours. Très peu de temps après – les travaux furent entrepris en 1661 –, l'Ordre Teutonique fit édifier une église dont le maître-autel s'élevait autour du poirier contenant la statue et ce pèlerinage prit une expansion très rapide. L'édifice aussi charmant qu'original, compte au nombre des plus anciens témoins du baroque en Bavière. Sa décoration et tout particulièrement les stucs de Matthias Schmuzer sont d'une qualité des plus remarquables.

La chiesa di pellegrinaggio Maria Birnbaum

Oh, Santa Vergine, Madre di Dio ti troverò qui, esclamò la Anna Burgerin di Merano dopo tanti pellegrinaggi senza successo davanti alla semplice immagine votiva nel tronco scavata di un pero. E la Madonna la esaudí. Già pochi anni dopo, nel 1661 l'Ordine dei Tedeschi fece erigere per il sempre maggior numero di pellegrini una chiesa, nella quale il tronco del pero con l'immagine sacra fu incluso nell'altar maggiore. Quest'edificio tanto grazioso quanto originale, è una delle prime costruzioni in stile barocco in Baviera. L'arredamento, specie gli stucchi di Matthias Schmuzer sono di eccelsa qualità.

Ingolstadt

Wer heute von der Autobahn München–Nürnberg aus die monströsen Raffinerietürme und Tanks der Mineralölgesellschaften sieht, dem fällt es schwer zu glauben, daß neben diesem Dschungel an Industrieanlagen das einstige geistige und militärische Zentrum Bayerns liegt – mehr als nur einen Abstecher wert.

In der Tat war die traditionsreiche Stadt zwischen 1472 und 1800 Sitz der bayerischen Landesuniversität, außerdem bis in die Zeit des Ersten Weltkriegs stärkste Festung und wichtigste Garnisonsstadt des bayerischen Heeres. Zahlreiche wohlerhaltene Baudenkmäler zeugen von einer großen Vergangenheit.

Ingolstadt

Looking from the motorway Munich–Nuremberg at the monstrous refinery towers and tanks of the petroleum companies, it is hard to believe that next to this jungle of industrial plants lies the former intellectual and military centre of Bavaria – worth more than merely a brief glance.

In actual fact the town, rich in tradition, was the seat of the Bavarian State University between 1472 and 1800, and in addition the most strongly fortified and most important garrison town of the Bavarian army until the time of the first world war. Numerous well-preserved architectural monuments tell of a great past.

Ingolstadt

Lorsqu'on emprunte aujourd'hui l'autoroute Munich–Nuremberg et que l'on aperçoit les tours monstrueuses des raffineries et les réservoirs des sociétés pétrolières, il est difficile d'imaginer que cet ancien centre culturel et militaire de la Bavière se trouve près de cette jungle industrielle et qu'il mérite mieux qu'un simple détour.

Et pourtant, cette ville riche en traditions a été le siège de l'université nationale de Bavière de 1472 à 1800. En outre, elle est restée, jusque pendant le première guerre mondiale, la place forte la plus puissante et la plus importante ville de garnison de l'armée bavaroise. De nombreux monuments bien conservés témoignent d'un grand passé.

Ingolstadt

Chi oggi viaggiando sull'autostrada Monaco–Norimberga vede le mostruose torri delle raffinerie minerarie ed i grandi contenitori di petrolio quasi non può credere che al posto di questo groviglio industriale tempo fa stava il centro culturale e militare della Baviera. Davvero, questa città ricca di tradizioni, che merita un soggiorno più lungo, tra il 1472 ed il 1800 era centro dell'Università Bavarese, inoltre fino alla prima guerra mondiale la più munita fortezza e la più importante città di presidio dell'armata bavarese.

Numerosi monumenti ben conservati testimoniano il passato glorioso ed importante – e non soltanto nel centro antico intimo ed accogliente ma anche presso il Neues Schloß (castello nuovo) con la collezione dell'Armata bavarese.

Neuburg an der Donau

Das ab 1530 völlig neu gebaute Neuburger Schloß
verdankt seine Entstehung einem Kuriosum wit-
telsbachischer Hauspolitik, als nach der gewalt-
samen Wiedervereinigung der bayerischen Teilher-
zogtümer für die präsumtiven Erben Niederbayerns
ein eigenes Fürstentum geschaffen wurde: die Junge
Pfalz.
Deren erster Herr, der Pfalzgraf Ottheinrich, war
ein kraftvoller Renaissancefürst, dessen Ambitionen
stets in krassem Mißverhältnis zu den Möglichkeiten seines Ländchens standen, und so scheint auch
das Schloß – das sich hier von seiner später angefüg-
ten barocken Seite zeigt – fast ein wenig zu groß für
das malerische Landstädtchen, dessen Oberstadt zu
den Kostbarkeiten bayerischen Städtebaus zählt.

Neuburg on the Danube

The palace of Neuburg which was completely rebuilt
after 1530 owes its origin to a curious internal policy
of the Wittelsbachs when, after the forcible reunion
of the Bavarian partial duchies, an independent principality was created for the heirs presumptives of
Lower Bavaria: the Young Palatinate.
Its first lord, the palgrave Ottheinrich, was a strong
renaissance ruler whose ambitions always stood in
complete disproportion to the possibilities of his little country, and so the palace – which can be seen
here from its baroque side, added at a later date –
seems almost too big for the picturesque little country town, the upper part of which is among the trea-
sures of Bavarian urban architecture.

Neuburg sur le Danube

Entièrement reconstruit à partir de 1530, le château
de Neuburg doit son existence à une particularité de
la politique des Wittelsbach. En effet, après la réu-
nion par la force des différents duchés bavarois, une
principauté fut créée tout exprès pour les héritiers
présomptifs de Basse-Bavière: le Jeune Palatinat.
Son premier seigneur, le comte palatin Ottheinrich,
était un prince de la renaissance débordant d'énergie
dont les ambitions furent toujours en disproportion
grossière avec les possibilités de son petit pays. C'est
ainsi que le château – dont on voit ici la façade baroque ajoutée ultérieurement – semble presque un peu
trop imposant pour la pittoresque bourgade dont la
ville haute est l'une des merveilles bavaroises en matière d'architecture urbaine.

Neuburg sul Danubio

Il castello Neuburg che dal 1530 divenne del tutto ricostruito, deve la sua origine ad una curiosità della
politica interna dei reggenti Wittelsbach. Dopo la
riunificazione forzata dei ducati parziali bavaresi fu
creato per i presunti eredi della Bassa Baviera un
principato apposito: il Palatinato Giovane.
Il primo Signore il conte del Palatinato Ottheinrich
era in vigoroso principe rinascimentale le cui ambi-
zione erano in gravissimo disaccordo con le possibilità del suo piccole paese: cosí anche il castello – che
qui vediamo dal lato aggiunto in epoca barocca – era
quasi troppo grande per il pittoresco paese, la cui
città alta è uno dei fulcri dell'architettura urbana che
conosciamo in Baviera.

Eichstätt

Obwohl zum Regierungsbezirk Oberbayern gehörig, der an dieser Stelle
über die Donau reicht, ist Eichstätt eigentlich schon eine fränkische Stadt.
Politisch stand das kleine Fürstentum
stets im Schatten der mächtigen
Hochstifte Bamberg und Würzburg,
doch hat dieser Umstand die freundli-
che Stadt andererseits auch wieder vor
zu starkem Wachstum bewahrt.
Nach dem großen Brand von 1634
zeigt sich diese in vorwiegend ba-
rockem Gewand. Der abgebildete Residenzplatz gilt als einer der schönsten
und besterhaltenen barocken Plätze
Deutschlands.

Eichstätt

Although belonging to the administrative district of Upper Bavaria which
reaches across the Danube at this
point, Eichstätt is actually a Franconian town. Politically the little prince-
bishopric was always in the shadow of
the powerful bishoprics of Bamberg
and Würzburg, but on the other hand
this situation prevented the pleasant
town from growing too large.
After the great fire of 1634 it took on
a primarily baroque appearance. The
Residenzplatz in the picture is one of
the most beautiful and well-preserved
baroque squares in Germany.

Eichstätt

Bien que faisant partie de la circonscription administrative de Haute-Bavière qui, à cet endroit, s'étend au-delà
du Danube, Eichstätt est, en fait, déjà
une ville franconienne. Du point de
vue politique, la ville était le siège
d'un prince-évêque mais celui-ci resta
toujours dans l'ombre des puissants
évêchés de Bamberg et de Würzburg,
et, de ce fait, la petite ville a eu l'avan-
tage d'être préservée d'une croissance
trop forte.
Par suite du grand incendie de 1634,
elle apparaît surtout dans des atours
baroques. La Place de la Résidence, sur
la photo, est considérée comme l'une
des places baroques les plus belles et
les mieux conservées d'Allemagne.

Eichstätt

Anche se fa parte dell'amministrazione della regione dell'Alta Baviera, che
in questi paraggi si estendeva oltre il
fiume Danubio, Eichstätt è già una città di carattere prettamente francone.
Politicamente il piccolo principato si
trovava sempre nell'ombra dei potenti
monasteri di Bamberg e Würzburg –
però comportava che l'amena cittadina
non si ingrandiva troppo a scapito della sua accogliente intimità.
Dopo il grande incendio del 1634 fu ricostruita prevalentemente in stile barocco. La piazza con la residenza qui
riprodotta, è considerata una delle
piazze più belle e meglio conservate
del barocco in Germania.

Burg Prunn über dem Altmühltal

Auf einem steil abfallenden Kalkstein-sporn haben die Herren von Prunn be-reits im 11. Jahrhundert eine Burg er-richtet, die wegen ihrer malerischen Lage und ihres originalen Erhaltungs-zustandes ein sehenswertes Ausflugs-ziel ist. An dem noch aus romanischer Zeit stammenden Bergfried wurden im Lauf des Mittelalters Wohngebäu-de angefügt, die der Burg ihr heutiges Aussehen verliehen.
Im Jahre 1575 entdeckte auf Burg Prunn der bayerische Geschichts-schreiber Wiguläus Hundt eine der drei ältesten Handschriften des Nibe-lungenliedes, das um 1200 am Pas-sauer Bischofshof aufgezeichnet wur-de und den bedeutendsten Beitrag Bayerns zur mittelalterlichen Helden-dichtung darstellt.

The castle of Prunn above the Altmühl valley

Already in the C11 the lords of Prunn erected a castle on the steep limestone spur, which is a worthwhile place for excursions on account of its pictures-que situation and original state of pre-servation. During the course of the middle ages residential buildings were added to the Romanesque keep which give the castle its present appearance. In the year 1575 the Bavarian histo-rian Wiguläus Hundt discovered one of the three oldest manuscripts of the Nibelungenlied in Castle Prunn, which had been written about 1200 at the court of the bishop of Passau and constitutes Bavaria's most important contribution to mediaeval heroic poe-try.

Le château de Prunn au-dessus de la vallée de l'Altmühl

Dès le XIe siècle, les seigneurs de Prunn ont édifié sur cet éperon calcai-re aux parois abruptes un château-fort qui, occupant une situation pittores-que et bien conservé dans son état ori-ginal, offre un but d'excursion qui vaut la visite. Au donjon datant encore de l'époque romane, il fut ajouté, au cours du Moyen-Age, des construc-tions destinées à l'habitation qui don-nent à ce château son apparence ac-tuelle.
C'est au château de Prunn que le chro-niqueur bavarois Wiguläus Hundt dé-couvrit, en 1575, l'un des trois plus anciens manuscrits du Chant des Ni-belungen. Ecrit vers 1200, à la cour de l'évêque de Passau, c'est la plus impor-tante contribution de la Bavière à la chanson de geste du Moyen-Age.

Castello Prunn sopra la valle dell'Altmühl

Già nel lontano 11. secolo i signori di Prunn eressero su un corno calcareo che ripidamente si scagliò nella valle, il castello che tanto originale quanto in ottimo stato, divenne un'attrattiva méta per gitanti. Alla rocca dell'epoca romanica furono aggiunti nel medioe-vo diversi edifici per gli inquilini e ne definirono l'aspetto odierno.
Nell'anno 1575 lo storico Wiguläus Hundt scoperse qui uno dei tre più an-tichi manoscritti del Canto dei Nibe-lungi, scritta attorno il 1200 alla corte vescovile di Passavia; rappresenta un importante contributo alla poesia me-dievale della Baviera.

Benediktinerabtei Weltenburg
Am Donaudurchbruch durch die Fränkische Alb bei Kelheim liegt eines der größten und berühmtesten Kulturdenkmäler Bayerns – die in einer Donauschleife auf einer schmalen Schotterterrasse unterhalb des markanten Frauenberges gebaute Benediktinerabtei Weltenburg, das erste gemeinsame Werk der Gebrüder Asam. Ursprünglich ist die Klosteranlage eine Gründung iro-schottischer Mönche um 620 und wurde im 8. Jahrhundert von Bonifatius mit Benediktinern besiedelt. Die Asamsche Abteikirche entstand zwischen 1717 und 1721.

Benedictine Abbey of Weltenburg
At the Danube gorge through the Fränkische Alb near Kelheim lies one of the largest and most famous historical monuments in Bavaria. Built on a narrow gravel terrace beneath the imposing Frauenberg, the Benedictine Abbey of Weltenburg was one of the first joint works of the Asam brothers. Originally the monastery was founded by Iro-Scottish monks about 620 and was then settled with Benedictines by Bonifatius in the C8. The Abbey Church was built by the Asams between 1717 and 1721.

L'abbaye bénédictine de Weltenburg
Là où le Danube fait sa percée à travers l'Alb franconienne, près de Kelheim, on trouve l'un des monuments les plus grands et les plus célèbres de Bavière. Construite dans une boucle du Danube, sur une étroite terrasse de cailloutis surplombée par la silhouette caractéristique du Frauenberg, l'abbaye bénédictine de Weltenburg est le premier ouvrage réalisé en commun par les frères Asam. Fondé vers 620 par des moines irlandais et écossais, ce monastère avait été confié à des Bénédictins par Boniface au VIIIe siècle. L'abbatiale fut construite de 1717 à 1721 sur les plans des frères Asam.

Abbazia bennedittina di Weltenburg
Lo stretto del Danubio presso Kelheim attraverso l'altura Fränkische Alb ci porta ad uno dei monumenti culturali piú vasti ed importanti della Baviera; L'abbazia benedittina di Weltenburg è situata nell'ansa del Danubio su una terrazza stretta di ghiaia ai piedi dell'inconfondibile Frauenberg ed era la prima opera in comune dei fratelli Asam. Il convento originariamente fu fondato da monaci iro-scozzesi verso il 620 e a partire dal 8. secolo furono insediati da S. Bonifacio i frati benedittini. La chiesa conventuale, opera dei fratelli Asam, sorse tra il 1717 ed il 1721.

Blick auf Regensburg

Wohl schon in keltischer Zeit (ca. 5. Jh. v. Chr.) bestand hier eine Siedlung, Radasbona genannt; neben ihr errichteten um das Jahr 80 n. Chr. die Römer ein Kohortenkastell, dem das Legionslager Castra Regina folgte. Hier war der Sitz der rätischen Militärverwaltung, hier war später der Sitz der Agilolfinger-Herzöge; seit dem frühen Mittelalter war Regensburg Königsstadt, Herzogsstadt und Bischofsstadt, und bis zum Ende des Heiligen Römischen Reiches deutscher Nation (1806) tagte hier der »Immerwährende Reichstag«. Die reiche und lange Geschichte dieser ältesten Stadt Deutschlands wird in ihrer architektonischen Gestalt sichtbar – in ihren Kirchen, Wohntürmen, Palästen und Bürgerhäusern.

View of Regensburg

There was already a settlement here in Celtic times (ca. C5 B. C.) called Radasbona; next to it the Romans built a castellum in 80 A. D., and this was followed by the legion encampment Castra Regina. The seat of the Raetian military command was also here, and later that of the Agilolfingian dukes; since the early middle ages Regensburg has been the city of kings, dukes and bishops, and until the end of the Holy Roman Empire German Nation (1806) the "Perpetual Reichstag" sat here. The long and varied history of this the oldest city in Germany is visible in architectural form – in its churches, keeps, palaces and burgher-houses.

Vue sur Ratisbonne

Dès l'époque celtique sans doute, il y eut là un établissement appelé Radasbona (Ve siècle av. J.-C. environ) près duquel les Romains établirent un castellum pour leurs cohortes (vers 80 apr. J.-C.), puis un camp pour leurs légions: Castra Regina. Ce fut ensuite le siège de l'administration militaire de la Rhétie, puis la résidence des ducs Agilolfingiens. Dès le début du Moyen-Age, Ratisbonne (Regensburg) a été résidence royale, ducale et épiscopale et, jusqu'à la fin du Saint Empire Romain Germanique (1806), la ville fut le siège de la «Diète Permanente». La riche et longue histoire de cette ville, la plus ancienne d'Allemagne, est inscrite dans son architecture – dans ses églises, tours, palais et maisons bourgeoises.

Panorama di Ratisbona

Probabilmente già nel 5. secolo a. C. all'epoca dei celti qui si trovava un villaggio chiamato Radasbona; attorno l'80 p. C. i romani eressero un castello per le loro coorte, piú tardi il Castra Regina. Qui si trovava l'amministrazione militare dei Rezii e più tardi la sede della stirpe dei duchi Agilolfi. Dal primo medioevo Ratisbona era sede vescovile e ducale e fino alla fine del Sacro Impero Romano (1806) ebbe sede la cosidetta «Dieta permanente». La lunga e ricca storia di quest' antichissima città si riflette nel suo aspetto architettonico, nelle chiese nei palazzi e nelle case patrizie.

In der Walhalla bei Donaustauf

Bereits als Kronprinz hatte der spätere Bayernkönig Ludwig I. den Plan gefaßt, Bildnisse großer Deutscher in einer Gedenkstätte aufzustellen. Am 18. Oktober 1830, siebzehn Jahre nach der Völkerschlacht bei Leipzig, die die Befreiung Deutschlands von der napoleonischen Herrschaft einleitete, wurde der Grundstein zu dem »Ehrentempel« gelegt. Er wurde von dem Architekten Leo von Klenze nach dem Vorbild des Parthenon auf der Akropolis von Athen entworfen und nach zwölfjähriger Bauzeit vollendet.

Auch wenn dieser »dorische« Tempel etwas fremd in der Donaulandschaft steht, so verstehen wir den Bau heute als romantisches Denkmal eines deutschen Humanismus.

In the Walhalla near Donaustauf

While he was yet Crown Prince, the future Bavarian king, Ludwig I, made a plan to set up likenesses of famous Germans in a memorial. On Oct. 18th, 1830, seventeen years after the Battle of the Nations near Leipzig which began the liberation of Germany from Napoleonic rule, the foundation stone of the "Temple of Honour" was laid. It was designed by the architect Leo von Klenze after the Parthenon on the Acropolis in Athens, and was completed twelve years later. Even though this "Doric" temple seems somewhat out of place in the Danube landscape, the building has come to be accepted today as a romantic memorial to German humanism.

Dans le Walhalla près de Donaustauf

Le futur roi de Bavière Louis Ier n'était encore que prince héritier lorsqu'il forma le projet de réunir les effigies des grands hommes allemands dans un monument élevé à leur mémoire. Le 18 octobre 1830, dix-sept ans après la bataille des Nations de Leipzig qui marque le début du processes de libération de l'Allemagne de la domination napoléonienne, eut lieu la pose de la première pierre de ce «temple de la gloire». L'architecte Leo von Klenze en a dessiné les plans sur le modèle du Parthénon sur l'Acropole d'Athènes. Même si ce temple «dorique» semble quelque peu dépaysé dans le paysage danubien, nous considérons toutefois cet édifice comme un monument romantique à l'humanisme allemand.

La Walhalla presso Donaustauf

Già come principe ereditario il futuro Re Ludwig I di Baviera ebbe l'idea di esporre in una sala i ritratti di tedeschi benemeriti. Il 18 d'ottobre 1830, trent'anni dopo la battaglia di Lipsia, che diede inizio alla liberazione della Germania dal giogo napoleonico, fu posata la prima pietra di questo tempio d'onore. L'architetto Leo von Klenze lo costruí sul modello del Partenone di Atene e lo terminò 12 anni più tardi. Anche se questo tempio dorico stona un po' nel paesaggio del Danubio e il suo nome germanico rimanga per sempre estrameo, oggi dobbiamo considerare quest'edificio come espressione romantica dell'umanesimo tedesco.

Straubing, Mariensäule auf dem Theresienplatz

Straubing liegt auf einer Donauterrasse im Straubinger Becken mitten im Zentrum des fruchtbaren Gäuboden-Gebietes, wo schon in der Jungsteinzeit Menschen gesiedelt haben. Der Theresienplatz in Straubing (im Bild) gehört mit dem Ludwigsplatz in der gleichen Stadt zu den großartigsten Marktplätzen Altbayerns, umgeben von leicht veränderten spätmittelalterlichen Wohnbauten, wie sie schon das berühmte Stadtmodell des Jakob Sandtner aus dem 16. Jahrhundert zeigt. Zum Beispiel präsentiert sich noch heute im mittelalterlichen Gewand das uralte Gasthaus »Zum Geiß« am Theresienplatz.

Straubing, Mariensäule on Theresienplatz

Straubing lies on a Danube terrace in the Straubinger Basin in the middle of the fertile Gäuboden area which was already settled in the Early Stone Age. Theresienplatz in Straubing (in the picture), together with Ludwigsplatz in the same town, are among the most spectacular market-places in Old Bavaria, surrounded by late mediaeval houses such as to be seen in the famous town model by Jakob Sandtner from the C16 even though they have been slightly altered. One example is the old inn "Zum Geiß" in the photo, which today still appears in its mediaeval form.

Straubing, colonne de Marie sur la Theresienplatz

La ville de Straubing est située sur une terrasse du Danube, dans le bassin dit de Straubing, au centre des terres fertiles du Gäuboden, zone du peuplement dès le néolithique. Avec la Ludwigsplatz (dans cette même ville), la Theresienplatz de Straubing (notre photo) est l'une des plus belles places de marché de l'Ancienne Bavière, bordée de demeures de la fin du Moyen-Age légèrement modifiées mais si semblables pourtant à la célèbre maquette de la ville réalisée au XVIᵉ siècle par Jakob Sandtner. Ainsi, par exemple, la très ancienne auberge «Zum Geiß», sur la Theresienplatz, a conservé son aspect médiéval jusque de nos jours.

Straubing, Theresienplatz con la Colonna della Vergine

Straubing si estende su un'altura della valle del Danubio nel grande bacino del cosidetto Gäuboden, dove già nel neolitico avevano vissuti degli uomini. La piazza Theresienplatz (vedi foto) e la piazza Ludwigsplatz, anch'essa a Straubing, fanno parte delle più magnifiche piazze di mercato della Baviera Antica – sono circondati dagli edifici tardomedievali con soltanto poche modifiche, come già li riprodusse nel famoso modello in legno Johann Sandtner nel 16. secolo. Per esempio l'antichissimo albergo «Zum Geiß» sulla Theresienplatz ancor oggi si presenta nella sua veste medievale.

Landshut, Festzug »Landshuter Hochzeit«
Seit über 500 Jahren wird in Landshut an seine große Zeit während der Residenz der »Reichen Herzöge« von Bayern-Landshut erinnert, an die Hochzeit von Herzog Georg von Bayern-Landshut mit Hedwig, der Tochter des polnischen Königs Kasimir IV. im Jahre 1475. Alle drei Jahre wird die »Landshuter Hochzeit« mehrere Tage lang mit Theaterveranstaltungen, historischen Bräuchen und farbenfrohen Festumzügen (Bild) gefeiert.

Landshut, Procession "Landshut Wedding"
For more than 500 years the wedding of Duke Georg of Bayern-Landshut with Hedwig, daughter of the Polish king Kasimir IV in the year 1475 has been commemorated as a reminder of the great days during three years the "Landshut Wedding" is celebrated for several days with theatre performances, old traditions and colourful processions.

Landshut, cortège du «Mariage de Landshut«
Depuis plus de 500 ans, la ville de Landshut commémore la grande époque où elle était résidence des «Riches Ducs» de Bavière-Landshut et le mariage du duc Georg de Bavière-Landshut avec Hedwig, fille du roi Casimir IV de Pologne, en l'an 1475. Tous les trois ans, on y célèbre le «Mariage de Landshut» pendant plusieurs jours, par des représentations théâtrales, des coutumes historiques et des cortèges solennels hauts en couleurs (notre photo).

Landshut, Corteo in occasione dello «Sposalizio di Landshut»
Da più di cinquecento anni a Landshut ci si ricorda della grande epoca dei «Duchi Ricchi», di Baviera-Landshut ed allo sposalizio del duca Georg von Bayern-Landshut con Hedwig, la figlia dell'Imperatore polacco Kasimir IV. nell'anno 1475. Ogni tre anni viene festeggiato questo «sposalizio di Landshut» che si protrae per diversi giorni con rappresentazioni teatrali, tradizioni storiche, e multicolori cortei (vedi foto) in costumi d'epoca.

Pfarrkirchen, Wallfahrtskirche auf dem Gartlberg

Aus der sanften Mulde des Rottals sieht man die beiden schlanken Zwiebeltürme schon von weitem, und so ist die Wallfahrtskirche auf dem Gartlberg fast zu einer Art Wahrzeichen für die alte Stadt Pfarrkirchen geworden. Obschon der Auferstehung Christi geweiht, bildet doch ein kleines Versperbild, einst schmucklos an einen Baum geheftet, den eigentlichen Anlaß der Verehrung.
Der einfache Bau mit rechteckigem Grundriß wurde ab 1662 von Christoph Zuccalli errichtet und von Giovanni Battista Carlone, dem Meister des Passauer Domes, verschwenderisch ausgestattet, wobei besonders der reiche Stuck des Chores sowie der Hochaltar hervorzuheben sind.

Pfarrkirchen, the pilgrimage church on the Gartlberg

From afar one sees two slender towers rising from the hollow of the Rott valley, and so the pilgrimage church on the Gartlberg has almost become a landmark of the old town of Pfarrkirchen. Although dedicated to the Resurrection, a little Pietà which once hung on a tree is the actual reason for the veneration.
The simple building with rectangular ground-plan was built from 1662 onwards by Christoph Zuccalli and lavishly furnished by Giovanni Battista Carlone, the master of the cathedral in Passau, whereby the rich stucco-work of the choir and that of the high altar deserve special mention.

Pfarrkirchen, l'église de pèlerinage sur le Gartlberg

Visibles de loin au-dessus de la légère dépression du Rottal, les deux tours élancées coiffées de bulbes ont fait de l'église de pèlerinage sur le Gartlberg une sorte d'emblème de la vieille ville de Pfarrkirchen. Bien que dédiée à la Résurrection du Christ, c'est une petite Pietà simplement accrochée à un arbre qui fut à l'origine de la vénération populaire.
L'édifice est simple, de plan rectangulaire. Christoph Zuccalli en a entrepris la construction en 1662 et Giovanni Battista Carlone, le maître de la cathédrale de Passau, l'a dotée d'une décoration surabondante, les riches stucs du choeur et du maître-autel méritant une attention particulière.

Pfarrkirchen, la chiesa di pellegrinaggio sul Gartlberg

Dalla conca amena della valle di Rott già da lontano si intravedono le emergenti torri a guglia della chiesa di pellegrinaggio sul Gartlberg, che quasi è diventata il simbolo dell'antica cittadina Pfarrkirchen. Dedicata originariamente alla Resurrezione del Signore, al centro del culto oggi si trova una piccola effigie, che era fissata al tronco d'un albero. La modesta costruzione fu eretta nel 1662 da Christoph Zuccalli e decorata fastosamente da Giovanni Battista Carlone, l'architetto del Duomo di Passavia; specie gli stucchi del coro e dell'altar maggiore sono di primissima qualità.

In der Stiftskirche von Osterhofen
Anstelle der beschädigten gotischen Kirche errichtete der bedeutende Barockarchitekt Johann Michael Fischer von 1727 bis 1728 einen Neubau, dessen Innenraum er als »Thronsaal zur Ehre Gottes« konzipierte. Diese Absicht gelang deshalb so vollendet, weil für die Innenausstattung die Brüder Cosmas Damian und Egid Quirin Asam gewonnen werden konnten.

In the collegiate church of Osterhofen
In place of the damaged Gothic church, the important baroque architect Johann Michael Fischer erected a new building from 1727 to 1728, conceiving the interior as a "throne-room to the Glory of God". His intention was fulfilled to perfection since the brothers Cosmas Damian and Egid Quirin Asam were persuaded to carry out the interior decoration.

Dans la collégiale d'Osterhofen
Sur l'emplacement d'une église gothique endommagée, le grand architecte du baroque Johann Michael Fischer construisit, de 1727 à 1728, un nouvel édifice dont il conçut l'intérieur comme une «salle du trône à la gloire de Dieu». Si son dessein fut réalisé avec une telle perfection, c'est grâce au concours des frères Cosmas Damian et Egid Quirin Asam qui acceptèrent de réaliser la décoration intérieure.

La chiesa conventuale di Osterhofen
Sul posto della chiesa gotica distrutta l'importante architetto del barocco Johann Michael Fischer eresse dal 1727 al 1728 una costruzione nuova; l'interno fu inteso come «Sala da Trono dell'Omnipotente». La realizzazione era talmente ben riuscita anche grazie all'ingegno delle decorazioni dei fratelli Cosmas Damian e Egid Quirin Asam.

Ortenburg, Schloßhof
Die Grafschaft Ortenburg, mitten in Niederbayern gelegen, ist erst 1805 an Bayern gekommen. Bis dahin hatte das uralte Geschlecht der Ortenburger seinen Besitz als Reichsfürstentum fast achthundert Jahre gegen das übermächtige Bayern behaupten können – ein stetes Ärgernis den Bayernfürsten, nach der Reformation gar ein protestantischer Pfahl im katholischen Fleisch.
Zentrum der Herrschaft war das Ortenburger Schloß, ein umfangreicher Gebäudekomplex, meist aus dem 16. Jahrhundert, auf mittelalterlichem Fundament. Es bietet sehenswerte Deckenvertäfelungen, von denen jene der heute als Festsaal genutzten Schloßkapelle als eine der schönsten Renaissancedecken gilt.

The Courtyard of Ortenburg
The county of Ortenburg, which lies in the middle of Lower Bavaria, first fell to Bavaria in 1805. Until then the ancient house of Ortenburg had been able to maintain their possessions as an imperial duchy against the all-powerful Bavaria for nearly eight hundred years – a continual annoyance to the Bavarian dukes, and after the Reformation a protestant thorn in catholic flesh.
The centre of dominion was the castle of Ortenburg, an extensive complex mostly fom the C16, but on mediaeval foundations. Its panelled ceilings are well worth a visit, and that in the former chapel, how used as an assembly-hall, is considered to be one of the most beautiful ceilings of the Renaissance.

La cour du château d'Ortenburg
Situé au cœur de la Basse-Bavière, le comté d'Ortenburg n'a été rattaché à la Bavière qu'en 1805. Jusqu'à cette date, la très ancienne famille des Ortenburg avait réussi à conserver à ses domaines le statut de principauté d'Empire, s'affirmant ainsi face à la puissante Bavière pendant près de huit siècles – outrage constant pour les princes bavarois.
Le centre du pouvoir se trouvait au château d'Ortenburg, important ensemble d'édifices construits pour la plupart au XVIe siècle sur des fondations du Moyen-Age. Il abrite des plafonds lambrissés qui méritent la visite et dont l'un, celui de la chapelle aujourd'hui utilisée comme salle des fêtes, est considéré comme l'un des plus beaux plafonds Renaissance.

Ortenburg, Cortile del castello
La contea di Ortenburg situata nel centro della Bassa Baviera divenne parte della Baviera soltanto nel 1805. Fino allora l'antichissima stirpe degli Ortenburger era stata in grado come principato imperiale di evitare per quasi 800 anni l'annessione alla incombente Baviera; era un torto continuo per i principi della Baviera e dopo la riformazione anche una enclave protestante su territorio cattolico bavarese. Centro del regno era il castello di Ortenburg, un vasto complesso edificato per la maggior parte su fondamenta medievali nel 16. secolo.

Passau

Bereits die Kelten hatten im 5. vorchristlichen Jahrhundert die Landzunge zwischen Donau und Inn befestigt, später kamen die Römer, die anfangs am südlichen Innufer ihr Kastell errichtet hatten. Als sich im frühen 6. Jahrhundert das bayerische Stammesherzogtum bildete, saßen hier bereits Bischöfe: von hier ging die Christianisierung der Ostmark aus.
Die Bischöfe von Passau waren mächtige Herren, deren Stadtherrschaft von den Bürgern nie abgeschüttelt werden konnte: die Burgen Oberhaus und Niederhaus an der Einmündung der Ilz in die Donau waren bischöfliche Trutzburgen – einerseits gegen die Stadt, andererseits Wächter am Anfang des »Goldenen Steigs«, des einst wichtigen Handelsweges nach Böhmen.

Passau

In the C5 B. C. the Celts fortified the spit of land between the Danube and the Inn. Later came the Romans, who at first built their castellum on the south bank of the Inn. When the Bavarian ducal house was created in the early C6 there were already bishops in residence here: the christianization of the Eastern Mark proceeded from this place.
The bishops of Passau were powerful lords whose rule could never be thrown off by the townspeople. The castles of Oberhaus and Niederhaus where the Ilz flows into the Danube were defences of the bishops – on the one hand against the town and on the other, watchtowers at the beginning of the "Golden Way", once the most important trading route to Bohemia.

Passau

La langue de terre entre le Danube et l'Inn avait déjà été fortifiée par les Celtes au Vᵉ siècle av. J.-C., puis vinrent les Romains qui avaient d'abord installé leur castellum sur la rive sud de l'Inn. Au debut du VIᵉ siècle, lorsque le duché de Bavière se constitua, Passau était déjà siège épiscopal. C'est d'ici que partit l'effort de christianisation de la Marche de l'Est.
Les évêques de Passau étaient de puissants seigneurs et les bourgeois ne réussirent jamais à soustraire la ville à leur pouvoir. Les châteaux d'Oberhaus et de Niederhaus, au confluent du Danube et de l'Ilz, étaient des places fortes épiscopales dressées, d'une part, contre la ville et, d'autre part, pour le contrôle du point de départ du «Goldener Steig», cette voie commerciale jadis si importante vers la Bohème.

Passau

Già nel quinto secolo precristiano i celti avevano costruito sulla penisola tra Danubio ed Inn una fortezza; più tardi vennero i romani che originariamente avevano costruito il loro forte sulla riva meridionale dell'Inn. Nei primi del 6. secolo si formò il ducato bavarese mentre i vescovi già si erano insediati: da qui partí l'evangelizzazione delle regioni orientali.
I vescovi di Passavia erano signori influenti e potenti, dai quali i cittadini non poterono liberarsi: i castelli Oberhaus e Niederhaus alla foce dell'Ilz nel Danubio erano fortezze vescovili – sia contro i cittadini stessi, sia a protezione del «Sentiero aureo» la strada commerciale più importante per la Boemia.

Die »Drei Sessel«

Adalbert Stifter schrieb 1867 über diese eigenartigen Steingebilde: »Auf der Waldschneide stehen hie und da Granitgiebel empor, die aussehen, als wären sie aus riesigen Steinscheiben gelegt worden. Wahrscheinlich sind es Reste eines ausgewitterten, gewaltigen Granitrückens. Manche sind gerade so wie steilrechte, aus Steintellern gelegte Säulen. Die bedeutendsten sind der Sesselfels und der Hohenstein...In den steilrechten Sesselfels ist eine Steintreppe gehauen. Wenn man sie hinangestiegen ist, steht man auf einer waagrechten Steinfläche, auf welcher nur wenige Menschen Platz haben. Man steht gerade mit seinen Fußsohlen neben den Wipfeln der hohen Bäume.« Der Blick geht weit hinein ins Böhmische, Österreichische und Bayerische.

The "Three Chairs"

Referring to these unique stone formations Adalbert Stifter wrote in 1867: "Granite formations rise here and there at the edge of the woods which look as though they had been made of huge stone circles. Most probably they are the remains of a massive weathered granite ridge. Some are straight like vertical pillars made of stone discs. The most important are the Sesselfels and the Hohenstein. A stone staircase has been hewn in the upright Sesselfels (rockchair). At the top of this staircase is a horizontal stone on which there is only room for a few people. One stands with one's feet just level with the tops of the tall trees." The view goes far across into Bohemia, Austria and Bavaria.

Les «Drei Sessel»

En 1867, Adalbert Stifter écrivait à propos de ces étranges silhouettes de pierre: «En lisière de forêt s'élèvent ça et là des formes en granit qui semblent faites de gigantesques meules de pierre empilées. Ce sont probablement les restes d'une puissante arête de granit usée par l'érosion. Certaines ressemblent vraiment à des colonnes, bien verticales, constituées de disques de pierre. Les plus remarquables sont le Sesselfels et le Hohenstein... Un escalier de pierre a été taillé dans l'abrupt vertical du Sesselfels. Lorsqu'on l'a gravi, on se trouve sur une plateforme de pierre où tiennent seulement quelques personnes. On y est, debout, la plante des pieds juste au niveau de la cime des grands arbres.» La vue s'étend très loin dans les pays de Bohême, d'Autriche et de Bavière.

I «Drei Sessel»

Nel 1867 scrisse Adalbert Stifter di queste strane formazioni rocciose: «Sulla chiara del bosco ogni tanto si inerpicano dei timpani di granito che sembrano gigantesche fette di pietra. Probabilmente sono residui di una gigantesca slavata altura di granito. Alcuni somigliano a colonne verticali formate da dischi pitrei. I più noti sono il Sesselfels ed il Hohenstein.... Nel Sesselfels verticale è stata scolpita una scala. Salendo si arriva ad un pianerottolo orizzontale che offre posto però soltanto a poche persone. Le piante dei piedi si incontrano con le cime degli alti alberi.»
Si gode il panorama sia della Boemia che dell'Austria e della Baviera.

Blick über den Großen Arbersee zum Großen Arber

Mit einer Höhe von 1456 Metern ist der Große Arber die höchste Erhebung des Bayerischen Waldes und des Böhmerwaldes: Er ragt als ein breitgelagerter Bergrücken aus den schier unendlich sich reihenden Waldhügeln und -ketten empor. Noch vor kaum einer Generation gehörte das Gebiet um den Arber zu den unberührtesten Gegenden des Bayerischen Waldes; heute machen Straßen und Bergbahn den Berg sommers wie winters zu einem der meistbesuchten Punkte des Bayerwaldgebirges. Dennoch kann derjenige Besucher, der auf den vielen markierten Wegen wandern will, abseits des Trubels unberührte Natur und Stille finden.

View over the Großen Arbersee to the Großen Arber

With a height of 1456 metres, the Große Arber is the highest point of the Bavarian Forest and the Bohemian Woods: it towers as a broad-lying mountain ridge above the never-ending ranges of wooded hills. Hardly a generation ago the region around the Arber was among the most unspoilt areas in the Bavarian Forest: today roads and mountain railway make it into one of the most-visited spots in the mountains of the Bavarian Forest both in summer and winter alike. In spite of this, the visitor who decides to take one of the many signposted footpaths can find untrammled nature and solitude away from the crowds.

Vue sur le Grand Arber avec le lac du Grand Arber

Avec son altitude de 1456 mètres, le Grand Arber est le mont le plus élevé de la Forêt de Bavière et de la Forêt de Bohême. C'est un sommet aux larges assises qui s'élève au-dessus des collines et chaînes boisées se succédant à l'infini. Il y a une génération à peine, la région de l'Arber comptait encor au nombre des contrées les plus vierges de la Forêt de Bavière. Aujourd'hui, routes et chemins de fer de montagne font de ce sommet, été comme hiver, l'un des lieux les plus fréquentés dans tout le massif de la Forêt de Bavière. Mais le visiteur qui vient y faire des randonnées sur les nombreux chemins jalonnés, trouvera une nature intacte et le calme à l'écart de l'agitation.

Panorama dell'Arbersee con Großer Arber

Con 1456 m il Großer Arber è la cima più alta del Bayerischer Wald e del Böhmerwald: una lungodistesa altura che si inerpica dal susseguirsi boscoso del paese. Appena una generazione fa questo paesaggio attorno all'Arber era uno dei siti più eremi della Foresta Bavarese. Oggi invece strade e funivie sia d'estate che d'inverno ne fanno una méta prediletta dei turisti. Però anche il turista che vuol godersi il silenzio e la solitudine può trovarla appartandosi su vicoli e stradine lontane dal rumore del chiassoso turismo di massa.

Luchs im Nationalpark Bayerischer Wald

Der Bayerische Wald bildet, zusammen mit dem Böhmerwald, das größte geschlossene Waldgebiet Mitteleuropas. Noch um die Mitte des vorigen Jahrhunderts gab es in den Wäldern Luchse und Wölfe; aber schon um 1820 war das Rotwild im böhmischen wie im bayerischen Teil ausgerottet. Andere Tierarten wie Uhu, Biber und Fischotter wurden mit dem Vordringen der Zivilisation immer mehr zurückgedrängt.

Durch die Einrichtung des »Nationalparks Bayerischer Wald« soll versucht werden, selten gewordene Tiere wieder anzusiedeln und daneben besondere Tiere in Gehegen zu halten – wie dieses Wildrind, das noch im frühen Mittelalter in Europa weit verbreitet war.

Lynx in the Bavarian Forest National Park

The Bavarian Forest together with the Bohemian Forest forms the largest compact woodland area in central Europe. In the middle of the last century there were still lynxes and wolves in the forest, but already around 1820 red deer had died out in both the Bohemian and the Bavarian parts. Other species of animal such as owls, beavers and otters were forced to retreat more and more with the advance of civilization.

With the formation of the "Bavarian Forest National Park" an effort is being made to reintroduce the animals which have become rare, and in addition to keep certain animals in enclosures – like these wild cattle which were still widespread in Europe in the early middle ages.

Lynx dans le parc national de la Forêt de Bavière

Avec la Forêt de Bohême, la Forêt de Bavière forme l'ensemble forestier le plus étendu d'Europe. Au milieu du siècle dernier, il y avait encore des lynx et des loups dans les forêts. Mais dès 1820, ces animaux sauvages avaient été exterminés dans la partie bohémienne comme dans la partie bavaroise. D'autres espèces, telles que le grand duc, le castor ou la loutre, ont peu à peu reculé devant la progression de la civilisation.

En aménageant le «Parc National de la Forêt de Bavière», on a voulu encourager le repeuplement par des espèces devenues rares et élever également dans des enclos des animaux particulièrement intéressants – comme l'aurochs dont l'espèce était très répandue en Europe jusqu'au Moyen-Age.

Lince nel Parco Nazionale «Bayerischer Wald»

La Foresta Bavarese assieme al Böhmerwald forma il paesaggio boscoso ininterrotto più grande dell'Europa centrale. Ancora verso la metà del secolo scorso in questi boschi vivevano linci e lupi; già verso il 1820 i cervi erano andati estinti sia nei boschi bavaresi che in quelli boemi. Altre speci come il gufo, la lontra ed il castore furono sempre più respinti dalla civilizzazione incombente.

La fondazione del Parco Nazionale «Bayerischer Wald» ha lo scopo di riinsediare specie rare ed allevare in recinti appartati animali come i bovini originali che nel medioevo in Europa si trovavano ancor in gran numero.

Häuser im Bayerwald

Im rauhen Bayerischen Wald ist die Natur dem Menschen feindlicher gesinnt als anderswo in Bayern. Die Sommer sind kurz, oft trägt das Land mehr als ein halbes Jahr eine geschlossene Schneedecke. Um so wichtiger ist für den Waldler das Heim, das Dorf, in dem er Schutz vor der Witterung findet.

So ist es kein Wunder, daß der Waldler seinem Dorf und seinem Haus stets alle Pflege zukommen ließ, die seine kargen Mittel erlaubten. Zwar sind die Häuser kleiner, ihr Zierat spärlicher als in den reicheren Gegenden Ober- und Niederbayerns, aber auch das Waldlerhaus weiß durch die Schönheit seiner Proportionen und die dezenten, auf Balkon und First beschränkten Schnitzereien zu gefallen.

Houses in the Bavarian Forest

In the wild Bavarian Forest nature is more hostile towards man than any other place in Bavaria. The summers are brief, and often the land is covered with a carpet of snow for more than half the year. For this reason his house and his village where he can shelter from the elements are all the more important for the inhabitant of this forest region.

So it is no wonder that the forest dweller cares for his house and his village as far as his meagre income permits. The houses may be smaller and their ornamentation more sparse than in the more prosperous regions of Upper and Lower Bavaria, but yet the houses of this area please the eye through their beauty of proportion and the tasteful carving which is limited to balcony and gable.

Maisons dans la Forêt de Bavière

La Forêt de Bavière est une région rude où la nature est plus hostile à l'homme que partout ailleurs en Bavière. Les étés sont courts et le pays est souvent recouvert d'une couche de neige ininterrompue pendant plus de six mois dans l'année. D'autant plus grande est donc, pour l'habitant de cette region, l'importance de la maison et du village où il trouve un abri contre les intempéries.

Il n'y a donc rien d'étonnant à ce que l'habitant des forêts ait apporté à son village et à sa maison tous les soins que permettaient ses moyens limités. Certes, les maisons sont plus petites, leur décoration plus modeste que dans les régions plus riche de Haute- et de Basse-Bavière, mais elles plaisent tout autant grâce à la beauté de leurs proportions et des sculptures.

Case nel Bayerwald

Nella rude regione di Bayerwald la natura è più ostile all'uomo che non altrove in Baviera. L'estate è breve, talvolta la coltre di neve giace più di sei mesi all'anno. Tantopiú per gli indigeni sono importanti la casa, il villaggio nel quale trovano protezione, la società ed i loro riti.

L'abitante di questa regione perciò dedica molta attenzione alla sua abitazione. Le case in genere sono più piccole, meno decorate che non nelle regioni ricche della Alta Baviera. Ma anche queste case sanno ingraziarsi per le indovinate proporzioni, gli intagli non troppo evidenti ma artistici dei balconi e nei timpani.

Kötztinger Pfingstritt
Einst wurde der Pfarrer von Kötzting ins sechs Kilometer entfernte Steinbühl gerufen, um einem Sterbenden die Sakramente zu spenden. Doch der Weg war gefährlich, und so ließ sich der geistliche Herr zu seinem Schutz von einer Anzahl mutiger Burschen begleiten. Auf dem Heimweg entgingen die Reiter nur knapp den auf sie lauernden Sraßenräubern. Zum Dank für ihre Rettung gelobten sie, den gleichen Weg jedes Jahr in feierlicher Reiterprozession zurückzulegen. Wahrscheinlich ist freilich, daß der Brauch wie so viele Umgänge und Umritte auf einen im Kern heidnischen Fruchtbarkeitsritus zurückgeht. Wie dem auch sei – stets ist der Kötztinger Pfingstritt ein großartiges und farbenfrohes Schauspiel, das jedes Jahr Zehntausende anlockt.

Kötztinger Whitsun Parade
Once the priest of Kötzting was called to Steinbühl, six kilometres away, to administer the sacrament to a dying man. But the way was dangerous, so the reverend gentleman was accompanied by several brave youths for protection. On their return journey the riders narrowly escaped the robbers who were waiting in ambush. As a thank-offering for their escape they vowed to ride the same way each year in solemn procession.
It is more likely however that the custom, like so many processions and parades, goes back in origin to heathen fertility rites. Whatever it may be, the Kötztinger Whitsun parade is a splendid and colourful pageant which attracts tens of thousands each year.

Kötzting, procession de la Pentecôte
Il y a bien longtemps, le curé de Kötzting fut appelé à Steinbühl à six kilomètres de là pour donner l'Extrême-Onction à un mourant. Mais la route n'était pas sûre, aussi l'homme de Dieu assura-t-il sa protection en se faisant accompagner de quelques garçons courageux. Sur le chemin du retour, les cavaliers échappèrent de justesse aux brigands qui les guettaient. En reconnaissance de leur salut, ils jurèrent de parcourir le même chemin, chaque année, en procession solennelle à cheval.
Il est certes plus vraisemblable que la coutume, comme tant de processions à pied ou à cheval, trouve son origine dans un rite païen ayant trait à la fécondité.

Processione di Pentecoste a Kötzting
Il parroco di Kötzting un giorno fu chiamato a Steinbühl, distante sei chilometri per assistere un moribondo. La via però era pericolosa e il sant'uomo si fece accompagnare da robusti giovanotti coraggiosi. Al ritorno a malapena riuscirono a scansare un'agguato dei briganti di strada. Ringraziando per la salvezza giurarono di ripetere ogni anno il tragitto in una processione a cavallo.
Probabilmente l'origine di questa processione come di tante altre, attinge ad antichi riti di fecondità. Sia come sia, la processione cavallereggia di Kötzting è uno spettacolo multicolore che ogni anno attira decine di migliaia di spettatori.

100

Wallfahrtskirche Kappel
Auf dem Glasberg bei Münchenreuth haben die Zisterzienser des nahen Klosters Waldsassen durch den Barockbaumeister Georg Dientzenhofer von 1684 an eine Wallfahrtskirche zu Ehren der Heiligsten Dreifaltigkeit errichten lassen. Dem Bau ist die Drei-Zahl als Symbol der Trinität zugrunde gelegt – einem gleichseitigen Dreieck sind drei große Konchen eingefügt, zwischen ihnen erheben sich drei Türme mit Zwiebelhauben; die drei niedrigeren Dachreiter dazwischen bezeichnen die drei Altarräume, und drei Eingänge führen in das Innere. In den vergangenen Jahren wurde dieser originelle Kirchenbau hervorragend restauriert.

Pilgrimage church of Kappel
In 1684 the Cistercians of the nearby monastery of Waldsassen had a pilgrimage church to the Glory of the Holy Trinity erected by the baroque master builder Georg Dientzenhofer on the Glasberg near Münchenreuth.
The building is based on the figure three as symbol of the Trinity – three large apses are added to an equilateral triangle, between them rise three towers with bulbous domes; the three lower ridge turrets in between mark the three chancels, and there are three entrances. In the last few years the original building was excellently restored.

L'église de pèlerinage de Kappel
En 1684, les Cisterciens du monastère de Waldsassen tout proche ont fait ériger sur le Glasberg, près de Münchenreuth, une église de pèlerinage consacrée à la Sainte-Trinité, construite par le maître du baroque Georg Dientzenhofer. Tous les éléments de l'édifice évoquent le chiffre trois, symbole de la Trinité. Autour d'un triangle équilatéral s'ordonnent trois absides entre lesquelles se dressent trois tours coiffées de bulbes. Les trois tours moins élevées marquent l'emplacement des trois autels. L'édifice est doté de trois entrées. Cette église de construction peu commune a été admirablement restauré au cours des dernières années.

Chiesa di pellegrinaggio Kappel
Sul Glasberg presso Münchenreuth i monaci cistercensi del vicino convento Waldsassen hanno fatto costruire dal famoso architetto Georg Dientzenhofer in onore della Santissima Trinità una chiesa di pellegrinaggio. Il concetto architettonico basa sulla cifra «3», simbolo della trinità: al triangolo equilaterale sono aggiunte tre conche, tra queste si stagliano tre torri a guglia. Le tre torrette indicano i tre vani degli altari e tre entrate conducono all'interno. Negli ultimi anni questa costruzione clericale fu rinnovata in modo ammirevole.

Bayreuth, Altes Schloß
Das Alte Schloß in der ehemaligen Markgrafen-Residenz Bayreuth, das von 1248 an mit den Hohenzollern – zuerst den Nürnberger Burggrafen, dann den preußischen Hohenzollern – verbunden war, ehe es 1810 durch Napoleons Neuordnung Europas an das Königreich Bayern fiel. Der bullig wirkende Treppenturm aus dem Jahre 1565/66 betont die als Befestigung einst ausgebaute alte Schloßanlage, die mehrmals umgebaut, ergänzt und wiederhergestellt worden ist.

Bayreuth, Old Palace
The old palace in the former margravate residency Bayreuth was connected with the Hohenzollerns from 1248 onwards – firstly with the Nuremberg Counts, then the Prussian Hohenzollerns – until it came to the kingdom of Bavaria in 1810 through Napoleon's reorganization of Europe. The sturdy stair-tower from the years 1565/66 emphasizes the defence element of the old palace which was frequently altered, added to and renovated.

Bayreuth, le Vieux Château
Le Vieux Château – à Bayreuth, ancienne résidence de margraves qui dépendait des Hohenzollern (à partir de 1248) – des burgraves de Nuremberg d'abord, puis des Hohenzollern de Prusse – et fut rattachée au royaume de Bavière, en 1810, dans le cadre de la réorganisation de l'Europe par Napoléon. La puissante tour-escalier de 1565/66 domine de sa silhouette massive les édifices du Vieux Château qui fut jadis une forteresse et subit plusieurs transformations, agrandissements et reconstructions.

Bayreuth, Castello antico
Il castello antico nella ex-residenza dei marchesi di Bayreuth, che dal 1248 fu legata alla stirpe dei Hohenzollern – prima ai conti di Norimberga, dopo ai Hohenzollern di Prussia – nel 1810 divenne parte del Regno della Baviera grazie alla nuova sistemazione dei territori europei voluta da Napoleone. La tozza scala turrita costruita nel 1565/66 accentua l'asspetto di fortezza dell'impianto residenziale, che per diverse volte fu rifatto, ingrandito o rinnovato.

Tüchersfeld, das Felsendorf

Im Herzen der Fränkischen Schweiz, einem Dorado für Wanderfreunde mit romantischem Herzen, liegt Tüchersfeld. Altfränkisch, altdeutsch schmiegt es sich an die bizarren Felsgebilde der stehengebliebenen Dolomitfelsgruppe. Von den ehemals hier befindlichen zwei Burgen, die der Sage nach durch eine lederne Hängebrücke miteinander verbunden waren, sind nur noch spärliche Reste erhalten. Entlang den Tälern der Püttlach, der Wiesent und des Ailsbaches bieten sich reizvolle Wege, etwa nach Gößweinstein, nach Pottenstein, oder zur Behringersmühle.

Tüchersfeld, the village of the rocks

In the heart of Franconian Switzerland, an El Dorado for hikers with romantic hearts, lies Tüchersfeld. Old Franconian, old German, it nestles against the bizarre formation of the remaining group of Dolomite rocks. Of the two castles which stood there from time immemorial and, so the story goes, were joined to one another by means of a leather suspension bridge, only a few ruins remain. Along the valleys of the Püttlach, the Wiesent and the Ailsbach there are delightful walks to Gößweinstein, Pottenstein or Behringersmühle for instance.

Tüchersfeld, le village dans les rochers

Tüchersfeld se trouve au cœur de la Suisse franconienne, un paradis pour les amateurs de randonnées à l'âme romantique. Vieille Franconie, vieille Allemagne à la fois, il se blottit contre les formes bizarres du groupe de roches calcaires qui se dressent là. Des deux châteaux-forts qui se trouvaient ici autrefois, qui – selon la légende – étaient reliés entre eux par un pont suspendu en cuir, il ne reste que quelques vestiges. Dans les environs, on trouve de ravissants chemins suivant les vallées de la Püttlach, de la Wiesent et de l'Ailsbach et conduisant par exemple à Gößweinstein, à Pottenstein ou au moulin de Behringer.

Tüchersfeld, il villaggio tra le rocce

Situato al centro della cosidetta Svizzera Francone Tüchersfeld è punto di partenza per le gite di turisti romantici. Di aspetto francone e tedesco antico il luogo si rannicchia alle bizzarre formazioni rocciose del gruppo di pietra dolomitica. Dei due castelli, che secondo la leggenda erano collegati tra di loro con un ponte pensile di cuoio sono rimasti solo pochissimi rimasugli. Ameni viottoli si snocciolano lungo le valli del Püttlach, del Wiesent e del Ailsbach, che ci conducono a Gößweinstein, a Pottenstein od a Behringersmühle.

Forchheim, Rathaus
Zwischen Erlangen und Bamberg im Tal der Regnitz liegt Forchheim. Mit seiner karolingischen Pfalz war es im frühen Mittelalter eine vielbesuchte Stätte für Reichs-, Fürsten- und Kirchenversammlungen. Die Bamberger Bischöfe bauten die Kaiserpfalz später zu einer wehrhaften Sommerresidenz aus. Einer der prächtigsten Winkel der Stadt ist um das Fachwerkrathaus mit dem Uhrtürmchen und der dahinter aufragenden St. Martinskirche. Das mächtige, tiefgezogene Satteldach und die Würfelgeschosse des Turms aus Sandstein (14. Jahrhundert) mit der barocken Kuppel überragen das spitzwinkelige Dächergewirr der Bürgerhäuser um ein beträchtliches.

Forchheim, Town Hall
In the valley of the Regnitz between Erlangen and Bamberg lies Forchheim. With its Carolingian palace it was a much-visited place for imperial, ducal and ecclesiastical assemblies in the early middle ages. Later the bishops of Bamberg converted the imperial palace into a fortified summer residence. One of the most splendid corners of the town lies around the half-timbered Town Hall with the clock tower and the church of St Martin rising behind it. The mighty saddle roof with its low eaves and the quadratic storeys of the sandstone tower (C14) with its baroque cupola rise high above the steeply sloping jumble of roofs of the burgher houses.

Forchheim, l'Hôtel de Ville
La ville de Forchheim se trouve entre Erlangen et Bamberg, dans la vallée de la Regnitz. Dotée d'un château impérial par les Carolingiens, elle fut au Moyen-Age un lieu de rencontre très fréquenté par les assemblées impériales, princières et ecclésiastiques. Plus tard, les évêques de Bamberg transformèrent le château impérial en résidence d'été fortifiée. L'un des plus beaux quartiers de la ville se trouve auprès de l'Hôtel de Ville, avec ses colombages et sa tour de l'horloge, avec le toit bas et massif de l'église Saint-Martin qui se profile derrière lui et sa tour en grès aux étages cubiques et à la coupole baroque (XIVe siècle) qui se dresse au-dessus du pittoresque désordre des toits pointus des maisons bourgeoises.

Forchheim, Municipio
Forchheim si trova tra Erlangen e Bamberg nella valle del Regnitz. Nel castello imperiale dei Carolinghi del primo medioevo spesso si davano convegno gli Imperatori, i Principi ed anche ecclesiastici. I vescovi di Bamberg più tardi ingrandirono il castello e ne fecero la loro residenza estiva fortificata. Uno dei rioni più meravigliosi si trova attorno al municipio a traliccio con una torre dell'orologio, davanti alle chiesa di S. Martino. L'imponente tetto basso a spioventi e le torri a dado in arenaria (14. secolo) con la cupola barocca sormontano di parecchio il reticolato dei tetti patrizi della città.

Erlangen, Schloßgarten
Historisch besteht Erlangen aus zwei verschiedenen Gründungen, der im 14. Jahrhundert entstandenen Altstadt und der seit 1686 als regelmäßiges Rechteck angelegten barocken Neustadt. Im Zentrum letzterer, im besonderen für die aus Frankreich gekommenen Hugenotten errichtet, befindet sich das Schloß (1700-1704). Am Rande des großen, seit 1785 im englischen Stil angelegten Schloßgartens liegen außerdem Orangerie, Markgrafentheater und Redoutenhaus.
Das Schloß wurde 1798 von der preußischen Krone der Universität geschenkt, was zur weiteren Um- und Bebauung des Parkes mit verschiedenen Universitätsgebäuden geführt hat.

Erlangen, Palace garden
Historically speaking Erlangen stems from two different foundations, the Old Town of the C14 and the New Town which was laid out as a regular rectangle after 1686. In the centre of the latter, which was built mainly for the Huguenots coming from France, is the palace (1700-1704). Bordering the large garden which was laid out from 1785 onwards in the English style are the orangery, the margravian theatre and redoubt house.
The palace was given to the university in 1798 by the Prussian crown, and this led to further alterations in the park and the addition of various university buildings.

Erlangen, les jardins du château
L'histoire d'Erlangen fait état de deux fondations différentes, l'une au XIVe siècle qui vit la naissance de la vieille ville et l'autre à partir de 1686 avec la construction de la nouvelle ville baroque au plan en carré. C'est dans le centre de cette dernière, érigée en grande partie pour les Huguenots venus de France, que se trouve le château (1700-1704). En bordure des grands jardins aménagés en style anglais à partir de 1785 se trouvent également l'orangerie, le théâtre du margrave et la redoute.
En 1798, le château fut donné à l'Université par la couronne de Prusse ce qui a amené de nouveaux aménagements du parc ainsi que la construction de divers bâtiments universitaires.

Erlangen, Giardino della residenza
Storicamente Erlangen conta due fondazioni: la città antica è del 14. secolo mentre la città nuova barocca, un rettangolo regolare, fu eretta dal 1686. Nel centro di quest'ultima, costruita specie per gli Ughenotti chiamati dalla Francia, troviamo la residenza (1700-1704). A lato del grande giardino in stile inglese progettato dal 1785 si alza la Orangerie, il teatro dei Margravi ed il padiglione della redoute. Il castello fu dato in donazione nel 1798 all'Università dalla Corona Prussiana e furono eseguiti diversi edifici ad uso dell'università.

Nürnberg, am Henkersteg

Wenn man von St. Lorenz kommend in Richtung Hauptmarkt und Burg geht, benutzt man meist die Museumsbrücke oder die Fleischbrücke über die Pegnitz. Nur ein kleines Stückchen flußabwärts hat sich aber noch eine rechte Idylle erhalten: der schmale Henkersteg, der zwischen Unschlitthaus und Weinstadel am Wasserturm das kleine Inselchen im Fluß mit den beiden Ufern verbindet. Der spätgotische Bau des Weinstadels, der wuchtige Quaderturm aus dem 13. Jahrhundert und der hölzerne Steg fügen sich zu einem mittelalterlichen Stadtbild zusammen, zu dem die Türme von St. Sebald herübergrüßen.

Nuremberg, at the Henkersteg

Coming from St Lorenz towards the Hauptmarkt and castle one usually crosses the Pegnitz by the Museumsbrücke or the Fleischbrücke. Only a little way down river however a real idyll has been preserved: the narrow Henkersteg (hangman's footbridge) between Unschlitthaus and the Weinstadl am Wasserturm which joins the little island in the river with both banks. The late-Gothic Weinstadl (wine-barn), the massive freestone tower from the C13 and the wooden footbridge combine to form a mediaeval picture in front of St Sebald.

Nuremberg, sur le Henkersteg

Lorsque, arrivant de St. Lorenz, on se dirige vers le marché principal et le château, on emprunte la plupart du temps le Museumsbrücke ou le Fleischbrücke pour traverser la Pegnitz. Et à quelque distance en aval, une véritable idylle s'est conservée: le Henkersteg, l'étroite passerelle «du bourreau» qui, entre l'Unschlitthaus et le Weinstadel, près du château d'eau, relie la petite île au milieu du fleuve avec les deux rives. Le bâtiment du Weinstadel en style fin du gothique, la puissante tour rectangulaire datant du XIIIe siècle et la passerelle de bois offrent en un tableau moyennâgeux avec, non loin, les tours de Saint-Sebald.

Norimberga, l'Henkersteg

Provenendo da S. Lorenzo ed avviandosi verso il mercato centrale ed il castello si usa passare il Pegnitz o sul ponte del Museo o sulla Fleischbrücke. Soltanto poco passi a valle si è mantenuto un piccolo luogo idilliaco: la via stretta detta Henkersteg (ponticello del boia) che si svolge tra la casa Unschlitt ed il Weinstadel vicino alla Torre dell'Acqua e collega il piccolo isolotto nel fiume con le due sponde. La costruzione tardogotica del Weinstadel (taverna del vino), la tozza torre quadra del 13. secolo ed il ponticello ligneo formano un assieme medievale accentuato dalle due torri di S. Sebaldo sullo sfondo.

Nürnberg, am Tiergärtner Tor
In der um 1040 von Kaiser Heinrich III. zur Stabilisierung des ostfränkischen Raumes als militärischer Stützpunkt gegründeten Altstadt Nürnbergs gehört der Bauabschnitt, in dem der Süden des damaligen Marktfleckens mit Maxtor, Laufertor, Am Sand, Hauptmarkt und Tiergärtner Tor entstand, noch in die Mitte des 13. Jahrhunderts. Vor der im Hintergrund des Bildes erkennbaren Burganlage stammt das Tiergärtner Tor also in der Entwicklung des historischen Altstadtkerns von Nürnberg noch aus der Zeit des zweiten Befestigungsrings der Stadt.

Nuremberg, at the Tiergärtner Tor
In order to stabilize the region of East Franconia, Emperor Heinrich III founded the Old City of Nuremberg in 1040 as a military base. Later in the mid C13 the Maxtor, Laufertor, Am Sand, Hauptmarkt and the Tiergärtner Tor were built to the south of the former market-town. In front of the castle, recognisable in the background, is the Tiergärtner Tor, part of the development of the historical old city centre during the second fortification.

Nuremberg, près le Tiergärtner Tor
Fondée vers 1040 par l'empereur Henri III, comme place forte pour la stabilisation de l'Est de la Franconie, la vieille ville de Nuremberg possède encore dans sa partie sud des éléments datant du milieu du XIIIe siècle: Maxtor, Laufertor, Am Sand, Hauptmarkt et Tiergärtner Tor. Le Tiergärtner Tor, que nous voyons sur notre photo avec la forteresse à l'arrière-plan, s'inscrit donc dans l'évolution historique de la vieille ville de Nuremberg comme datant de l'époque de la construction de la seconde enceinte de la ville.

Norimberga, Porta Tiergärtner Tor
Il centro antico di Norimberga, fu fondato dall'Imperatore Heinrich III. attorno il 1040 per mitigare con un presidio militare la regione orientale della Franconia; in questo periodo – verso la metà del 13. secolo – viene costruito nel meridione del centro mercantile una muraglia con le porte cittadine Maxtor, Laufertor, Am Sand, Hauptmarkt ed infine il Tiergärtner Tor. Assieme all'impianto fortificato che vediamo sullo sfondo, il Tiergärtner Tor fa parte della seconda muraglia a difesa della città, che circondò l'antico centro di Norimberga.

Bamberg, der Bamberger Reiter im Dom

Der Bamberger Dom zählt zu den einzigartigen Monumenten des Glaubens und der Kunst in ganz Deutschland. Der früheste Bau aus der Zeit Kaiser Heinrichs II. (1002-1024) mit Ost- und Westchor mußte nach zwei Bränden im 13. Jahrhundert neu erbaut werden und wurde 1237 geweiht. Während des Barock wurde das Innere neugestaltet und Anfang des 19. Jahrhundert wieder. Zu den wichtigsten Denkmälern deutscher Kunst gehört im Innern des Bamberger Doms am Pfeiler vor dem Aufgang zum Ostchor seit jeher der Bamberger Reiter, dessen Darstellung bis heute nicht gedeutet oder mit einer Person identifiziert werden konnte.

Bamberg, the Bamberg horseman in the cathedral

Bamberg's cathedral counts as one of the most unique monuments to religious belief and art in Germany as a whole. The earliest building from the time of Emperor Heinrich II (1002-1026) with east and west choirs had to be rebuilt in the C13 after two fires, and was consecrated in 1237. During Baroque times the interior was redesigned and again at the beginning of the C19. Among the most important monuments of German art is the Bamberg horseman which has stood by a pillar at the entrance to the east choir from time immemorial, and has remained an enigma until this day.

Bamberg, le Cavalier dans la cathédrale de Bamberg

La cathédrale de Bamberg est l'un des monuments de la foi et de l'art parmi les plus exceptionnels de toute l'Allemagne. Datant de l'époque de l'empereur Henri II (1002-1024) et doté de deux chœurs (est et ouest), le premier édifice a dû être entièrement reconstruit au XIIIᵉ siècle à la suite de deux incendies. La consacration eut lieu en 1237. L'intérieur fut transformé à l'époque baroque, puis au début du XIXᵉ siècle. La cathédrale de Bamberg abrite depuis toujours l'un des plus importants témoins de l'art allemand, le Cavalier de Bamberg, sur le pilier précédant l'accès au chœur est. Le sens de cette plastique ou son identification avec une personne restent aujourd'hui encore des questions sans réponse.

Bamberg, il Cavaliere nel Duomo di Bamberg

Il duomo di Bamberg è uno dei più singolari tempi di fede e d'arte della Germania. La prima costruzione sorse nell'epoca dell'Imperatore Heinrich II. (1002-1024); dopo incendi il chiostro occidentale ed orientale dovettero essere ricostruiti nel 13. secolo e furono consacrati nel 1237. Nell'epoca barocca ed anche nell'ottocento l'interno fu rifatto. Nell'interno, ad un pilastro del chiostro orientale vediamo uno dei monumenti più significativi dell'arte tedesca: il Cavaliere di Bamberg, la cui raffigurazione fino ad oggi non poté essere interpretata ne era possibile identificarla con un personaggio storico.

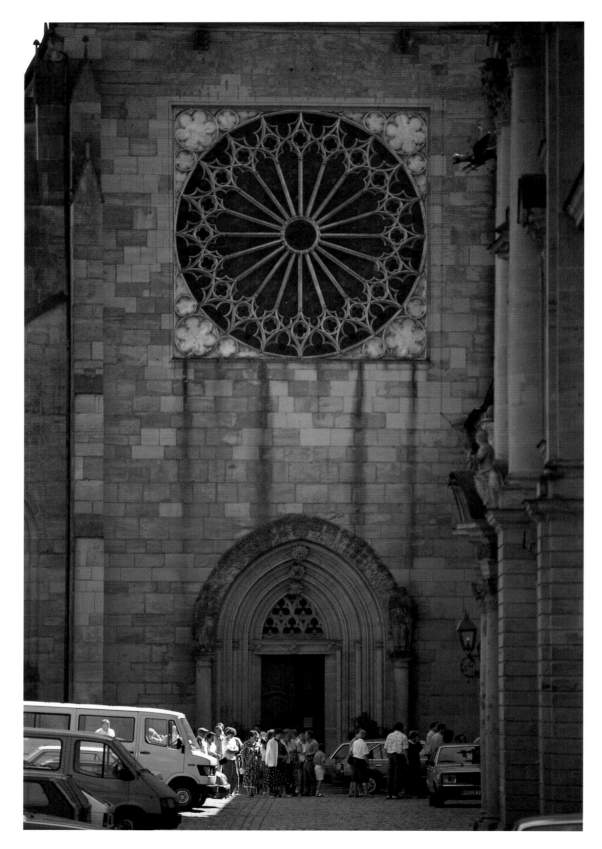

Ebrach, ehemalige Zisterzienserkirche

Turmlos die Kirche, im Tal eines Flüßchens liegend, wie es die Ordensregeln vorschrieben, begegnet uns auch das ehemalige Zisterzienserkloster Ebrach an der Mittelebrach. 1127 kamen die ersten Mönche aus Frankreich, aus Morimond, und brachten das Kloster bald zur Blüte. Bei der schönen gotischen Kirche, die in ihrem Inneren manche Veränderungen aus späterer Zeit über sich ergehen lassen mußte, besticht vor allem die riesige Fensterrose über dem Westportal. Sie taucht die Kirche, zumal am Abend, in betörendes Licht. Die Klostergebäude mit einem berühmten barocken Treppenhaus und Festsaal dienen heute als Jugendstrafanstalt.

Ebrach, former Cistercian church

Lying in a little river valley we find the former Cistercian monastery of Ebrach on the Mittelebrach, its church towerless as the rules of the order proscribe. In 1127 the first monks came from France, from Morimond, and soon brought the monastery to fruition. In the interior of the lovely Gothic church, much altered in later times, one is impressed by the huge rose window over the west door. In the evening it floods the church with glorious light. The monastery buildings with their famous baroque stairwell and banqueting-hall are today used as a detention centre for juveniles.

Ebrach, ancienne église cistercienne

L'église sans clocher, dans la vallée d'une petite rivière, c'est ce que prescrivaient les règles de l'ordre et c'est bien ainsi que nous apparaît l'ancien monastère cistercien d'Ebrach sur l'Ebrach moyenne. En 1127, les premiers moines arrivèrent de France, de Morimond, et le monastère connut bientôt la prospérité. Dans la belle église gothique, dont l'intérieur a dû, par la suite, subir bien des modifications, le visiteur est séduit avant tout par l'immense rosace qui surmonte le portail ouest. Le soir surtout, elle plonge l'église dans une lumière fascinante. Les bâtiments du monastère, qui possèdent un escalier et une salle des fêtes célèbres, en style baroque, servent aujourd'jui d'établissement pénitentiaire pour délinquants juvéniles.

L'antica chiesa cistercense ad Ebrach

Costruita senza tore come prescrivono le regole dell'ordine cistercense in un'amena vallata alle sponde del piccolo fiume Mittelebrach troviamo l'ex-convento cistercense di Ebrach. Nel lontano 1127 vennero i primi monaci dalla Francia, da Morimond ed il monastero ebbe un grande sviluppo. La bella chiesa gotica, il cui interno fu spesso e decisamente modificato seduce con il grande rosone centrale sopra il portale occidentale. Verso sera attraverso il vetro entrano i fasci di luce e tingono la chiesa di colori magici. Gli edifici conventuali con la famosa scalinata barocca e la Sala delle Feste oggi sono adattate a penitenziario per minorenni.

Banz, ehemaliges Benediktinerkloster und Kirche

Die Gegend um die Banzer Berge am Obermain mit den beiden sich über das Tal hin grüßenden Kirchen von Banz und Vierzehnheiligen gehört zu den schönsten Landschaften Frankens. Kunst und Natur steigern sich hier und lassen jeden Besuch zu einem unvergeßlichen Erlebnis werden.
Die 1710 bis 1719 errichtete Benediktinerkirche von Banz gehört zu den glanzvollsten Bauzeugnissen des 18. Jahrhunderts; in ihr gibt der Baumeister Johann Dientzenhofer den Auftakt zu den wunderbar schwingenden Raumschöpfungen, die für den böhmisch beeinflußten fränkischen Barock so typisch sind.

Banz, former Benedictine monastery and church

The area around the Banz mountains on the Upper Main, with its two churches of Banz and Vierzehnheiligen on opposite sides of the valley, belongs to the most beautiful scenery in Franconia. Here art and nature vie with one another and turn each visit into an unforgettable experience.
The Benedictine monastery of Banz, built between 1710 and 1719, is among the most splendid examples of building in the C18; in it the master builder Johann Dientzenhofer first created one of the wonderfully soaring rooms so typical of the Bohemian influenced Franconian baroque.

Banz, l'ancien monastère de Bénédictins et l'église

La région des montagnes de Banz, sur le Main supérieur, avec les deux églises, celle de Banz et celle des Quatorze-Saints, se faisant face au-dessus de la vallée, compte parmi les plus beaux paysages de Franconie. L'art et la nature y revalisent pour faire de chaque visite une expérience inoubliable.
L'église bénédictine de Banz, édifiée de 1710 à 1719, compte parmi les plus brillants témoins de l'architecture du XVIIIe siècle. Avec cette église, l'architecte Johann Dientzenhofer annonce ces magnifiques créations où l'admirable maîtrise de l'espace est si caractéristique de ce baroque franconien enrichi de l'influence de la Bohème.

Banz, Ex-convento e Chiesa Benedittina

Nei dintorni delle montagne di Banz nel corso superiore del Meno – una delle regioni più belle della Franconia – due chiese si fronteggiano a cavallo della vallata: Banz e Vierzehnheiligen. Arte e natura si superano in bellezza e fanno di ogni visita un' evento indimenticabile.
La chiesa benedittina di Banz fu eretta dal 1710 al 1719 e rappresenta uno dei monumenti più sontuosi del 18. secolo; l'architetto Johann Dientzenhofer all'apice della sua creatività ha progettato un vano con spazi librati, tipico del barocco francone influenzato dalla Boemia.

Vierzehnheiligen, Wallfahrtskirche zu den Vierzehn Nothelfern

Wie so oft bei Wallfahrtskirchen gab der Ort einer Erscheinung den Baugrund für den Gnadenbau an. Die 14 Nothelfer drängten den Klosterschäfer von Langheim zur Errichtung einer Kapelle. Als im 18. Jahrhundert der Andrang der Pilger zu groß wurde, entschloß man sich zum Bau einer Kirche. Der Bamberger Fürstbischof Friedrich Carl von Schönborn, der sich der hervorragenden Lage und Bedeutung der Wallfahrt offenbar bewußt war, empfahl seinen Baumeister Balthasar Neumann. Der 1744 begonnene Bau antwortet mit seinen Türmen nun der Klosterkirche von Banz auf der anderen Talseite, das Innere bietet ein überwältigend lichtes und bewegtes Raumbild rings um den freistehenden Rokoko-Aufbau des Gnadenaltares.

Vierzehnheiligen, pilgrimage church to the fourteen auxiliary saints

As so often in the case of pilgrimage churches it was built on the site of a vision. The fourteen auxiliary saints urged the shepherds of the monastery of Langheim to erect a chapel. When the throngs of pilgrims became too great in the C18, it was decided to build a church. The prince-bishop of Bamberg, Friedrich Carl von Schönborn, who was conscious of the excellent situation and significance of the pilgrimage recommended his master builder, Balthasar Neumann. Begun in 1744, the building with its towers is a counterpart to the monastery of Banz on the other side of the valley; the interior forms an impressively luminous and flowing setting for the free-standing rococo Altar of Atonement.

Vierzehnheiligen, l'église de pèlerinage aux quatorze saints protecteurs

Comme c'est bien souvent le cas, cette église de pèlerinage fut construite sur le lieu d'une apparition. Les quatorze saints protecteurs avaient demandé une chapelle au berger du monastère de Langheim. Au XVIIIe siècle, la foule de pèlerins étant devenue trop importante, il fut décidé de construire une église. Manifestement conscient de l'admirable situation et de l'importance de ce pèlerinage, Friedrich Carl von Schönborn, prince-évêque de Bamberg, proposa son maître d'œuvre Balthasar Neumann. Construit à partir de 1744, l'edifice dresse maintenant ses tours face à l'église conventuelle de Banz, de l'autre côté de la vallée. A l'intérieur, on est saisi par la luminosité et le mouvement d'un espace ordonné autour de l'édifice rococo de l'autel de la Grâce qui s'élève en son centre.

Vierzehnheiligen, Chiesa dei Quattordici Santi

Come spesso accade, le fondazioni delle chiese di pellegrinaggio si riferiscono a leggendarie apparizioni. I quattordici santi protettori convinsero il pastore del convento di Langheim alla costruzione di una cappella. Allorché nel 18. secolo la massa dei pellegrini aumentò talmente, si decise di costruire una chiesa. Il Vescovo Principe di Bamberg, Friedrich Carl von Schönborn, che evidentemente se ne era reso conto dell'importanza incaricò il suo architetto Balthasar Neumann. La costruzione iniziata nel 1744 con le sue torri fa da eco alla chiesa conventuale di Banz che sta di fronte, soltanto divisa dalla valle; l'interno spaziato, luminoso ed arioso vibra attorno all'altare rococo.

Kulmbach, die Plassenburg
Kulmbach, das einst dem bayerischen Geschlecht der Grafen von Andechs gehörte, kam 1340 an die Burggrafen von Nürnberg aus dem Geschlecht der Hohenzollern, die jedoch 1603 ihre Residenz nach Bayreuth verlegten. So blieb die Burg und mit ihr der »Schöne Hof«, das Werk des Steinmetzen Daniel Engelhardt, seit 1563 unverändert erhalten. Erst 1810 wird Kulmbach wieder bayerisch. Heute zieht neben dem steinernen Rankenwerk und den Medaillons des Arkadenhofes besonders das hier untergebrachte Zinnfiguren-Museum mit seinen über 200 000 Figürchen die Besucher von weither an.

Kulmbach, the Plassenburg
Kulmbach, which once belonged to the Bavarian house of the counts of Andechs, came to the burgraves of Nuremberg of the house of Hohenzollern in 1340, who however in 1603 moved their residence to Bayreuth. So the castle and its "Beautiful court", the work of the sculptor Daniel Engelhardt, has remained unchanged since 1563. Only after 1810 did Kulmbach become Bavarian again. Today, in addition to the stone trellis-work and the medallions of the arcaded courtyard, tourists are attracted by the museum of pewter figures with more than 200 000 pieces which is housed here.

Kulmbach, le Plassenburg
Kulmbach, qui avait jadis appartenu à la famille bavaroise des comtes d'Andechs, revint en 1340 aux burgraves de Nuremberg, branche de la maison des Hohenzollern, qui transportèrent leur résidence à Bayreuth en 1603. C'est ainsi que le château, avec sa «Belle Cour», œuvre du tailleur de pierre Daniel Engelhardt, a été conservé sans aucune modification depuis 1563. Kulmbach revint à la Bavière en 1810 seulement. Aujourd'hui, les visiteurs viennent de loin, attirés non seulement par les rinceaux de pierre et les medaillons de la cour à arcades mais aussi et surtout par le musée des étains qu'on y a installé avec les quelque 200 000 pièces de ses collections.

Kulmbach, Castello Plassenburg
Kulmbach che un tempo appartenne ai Conti di Andechs bavaresi nel 1340 passò ai burggravi di Norimberga della stirpe dei Hohenzollern che però nel 1603 trasferirono la loro residenza a Bayreuth. Perciò il castello e con esso anche il «Schöner Hof» (Bel Cortile), opera dello scalpellino Daniel Engelhardt, poté essere conservato invariato dal 1563. Soltanto nel 1810 Kulmbach divenne nuovamente territorio bavarese. Oggi i turisti vengono in visita non soltanto per il meraviglioso cortile ad arcate con i lavori in viticcio ed i medaglioni ma anche per il museo che espone piú di 200 000 figurine in stagno.

Coburg, Blick auf die Veste

Schon im frühen Mittelalter stand auf dem »Coberg« eine Burg, an der die Jahrhunderte hindurch ständig verstärkt, erweitert und »verneut« wurde. Selbst Wallenstein belagerte die Veste im Dreißigjährigen Krieg vergebens, Martin Luther fand 1530 hier Zuflucht. Heute beherbergt die Veste reiche Kunstsammlungen, die von so zerbrechlichen Dingen wie Gläsern bis zu Waffen reichen.
In der Stadt ist neben Altdeutschem auch ein britischer Hauch von Weltläufigkeit zu verspüren, der durch die Verwandtschaft der Coburger Fürsten zum englischen Königshaus hinzugekommen ist. Zu Bayern gehört das Coburger Land erst seit 1920.

Coburg, view to the fortress

Already in the middle ages a castle stood on the "Coberg", which was constantly strengthened, enlarged and "renewed" over the centuries. Even Wallenstein besieged the fortress in vain during the Thirty Years War; Martin Luther found refuge here in 1530. Today the fortress houses rich art collections which range from such fragile things as glass to weapons. In the town there is a touch of British atmosphere in addition to the "Old German", which came about through the relationship of the dukes of Coburg to the English royal house. The land of Coburg has belonged to Bavaria only since 1920.

Coburg, vue sur la forteresse

Dès le début du Moyen-Age, un château se dressait sur le «Coberg», et, au cours des siècles, les fortifications furent sans cesse renforcées, agrandies et «remises à neuf». Pendant la guerre de Trente Ans, Wallenstein lui-même fit en vain le siège de la forteresse et c'est ici que Martin Luther trouva refuge en 1530. Aujourd'hui, la forteresse abrite de riches collections d'art qui comprennent des armes aussi bien que des pièces aussi fragiles que des objets en verre. Dans la ville, on respire un air vieille Allemagne mais aussi un souffle de cosmopolitisme britannique qui s'explique par les liens de parenté entre les princes de Coburg et la famille royale d'Angleterre. Le territoire de Coburg n'appartient à la Bavière que depuis 1920.

Coburg, La Fortezza

Già nel lontano medioevo sul «Coberg» si erigeva un castello fortificato, che nei secoli divenne sempre più munito, ingrandito e rinnovato. Nella guerra dei Trent'anni persino Wallenstein lo assediava senza successo. Nel 1530 Martin Luther trovò qui rifugio. Oggi la fortezza ospita diverse collezioni d'arte, dai vetri antichi fino alle armature. L'atmosfera oltre il tedesco antico emana qualché di britannico, di universalità, data dalla parentela dei Principi di Coburg con il casato reale d'Inghilterra. Il territorio di Coburg fa parte della Baviera dal 1920.

Ostheim vor der Rhön

Ostheim, Nordheim, Sond-, d.h. »Süd«-heim liegen hier an der Rhön; dies deutet auf systematische Besiedlung. Ostheim gehörte ständig wechselnden Herrschaften, zuletzt war es thüringische Exklave und kam erst 1945 zu Bayern. Der gut erhaltene Ort mit seinen Befestigungsanlagen, der größten und schönsten Kirchenfestung Deutschlands (ca. 1400-1500), wo man bei Restaurierungsarbeiten ein riesiges Deckengemälde auf Holzgrund freilegte, und seinen zahlreichen Fachwerkhäusern läßt einen Vergleich mit Rothenburg zu: nur daß der reizvolle Ort viel weniger bekannt ist.

Ostheim in front of the Rhön

Ostheim, Nordheim, Sondheim (east-, north-, south-,) lie here on the Rhön, this points to a systematic settlement. Ostheim belonged to constantly changing rulers, was finally a Thuringian exklave and only in 1945 did it become part of Bavaria. The well-preserved town with its fortifications, the largest and most beautiful fortified church in Germany (ca. 1400-1450) where a huge painting was discovered on the wooden ceiling during restoration work, and the many half-timbered houses permit a comparison with Rothenburg: only that the charming town is much less known.

Ostheim devant la Rhön

Ostheim, Nordheim, Sondheim – les noms (aux préfixes faisant référence à l'est, au nord, au sud) de ces villages à la marge de la Rhön sont la marque d'un peuplement systématique. Ostheim appartint à de nombreuses seigneuries successives avant de devenir une exclave thuringienne qui ne fut rattachée à la Bavière qu'après 1945. La ville est bien conservée, avec ses fortifications, avec son église fortifiée, la plus belle et la plus grande d'Allemagne (env. 1400-1450), où fut mise à jour, lors de travaux de restauration, une immense peinture de plafond sur bois. Et ses nombreuses maisons à colombages soutiennent la comparaison avec Rothenburg, à la seule différence que cette charmante petite ville est beaucoup moins connue.

Ostheim davanti all'altura Rhön

Ostheim, Nordheim, Sondheim (cioè Sud-heim) si estendono ai piedi dell'altura Rhön. Ciò fa pensare ad una colonizzazione sistematica. Ostheim cambiò spesso i reggenti – ultimamente era una exclave della Turinghia e soltanto nel 1945 venne a far parte del territorio bavarese. Il villaggio ben conservato con le sue muraglie fortificate e la più bella e grande chiesa fortificata della Germania (ca. 1400-1450), dove durante lavori di restauro fu scoperto un dipinto del soffitto su legno e le sue numerose case a traliccio non teme un paragone con Rothenburg: soltanto che quest'ultimo gode di maggiore notorietà.

115

Bischwind in den Haßbergen

Die Haßberge nennt sich der nördliche Teil der stark bewaldeten fränkischen Keuperstufe zwischen dem Grabfeld und dem Maintal bei Bamberg. Zwischen den dortigen Höhenzügen, die bis über 500 Meter hoch ansteigen, liegt bei der Stadt Ebern das malerische Dorf Bischwind am Raueneck. Seine Kirche Mariae Verkündigung stammt im Kern mit dem Chorturm aus dem 15. Jahrhundert.

Bischwind in the Haßberge

The northern part of the thickly forested Franconian Keuper terrace between Grabfeld and the Main valley near Bamberg is called the Haßberge. Between the hills which reach a height of about 1650 feet lies the village of Bischwind at Raueneck near the town of Ebern. The core of its church of the Annunciation and the choir tower date from the C15.

Bischwind dans les Haßberge

Les Haßberge, c'est le nom du massif formant la partie nord du plateau très boisé du Keuper franconien, entre le Grabfeld et la vallée du Main, près de Bamberg. Le pittoresque village de Bischwind am Raueneck est situé près de la ville d'Ebern, entre les chaînes de hauteurs qui en cet endroit s'élèvent à plus de 500 mètres. Les éléments essentiels de son église de l'Annonciation, et le clocher surmontant le choeur, datent du XVe siècle.

Bischwind nella montagne Haßberge

La parte settentrionale della Franconia del triassico superiore molto boscosa tra Grabfeld e la valle del Meno presso Bamberg, si chiama monti Haßberge. Tra le diverse alture che si innalzano fino a 500 metri giace presso la città Ebern il pittoresco paese Bischwind am Raueneck. La sua chiesa dell'Annunciazione con la torre sopra il chiostro è sorta nel 15. secolo.

Aschaffenburg, Schloß

Der Anblick des mächtigen Ridinger-Schlosses aus dem Anfang des 17. Jahrhunderts und des 1840 bis 1848 von König Ludwig I. nahebei errichteten Pompejanums an der Schleife, die der Main hier bildet, hat schon manches Malerauge entzückt. Selten bietet eine Stadt am Fluß ein so schönes Panorama. Aschaffenburg, das bis 1814 zum Erzstift Mainz gehörte, liegt am äußersten Nordwestzipfel Bayerns. Sozusagen als letztes Aufgebot wird dem Kunstfreund noch einmal Schönstes geboten: die Galerie im Schloß ist nach München die bedeutendste der Bayerischen Staatsgemäldesammlungen, die Stiftskirche St. Peter und Alexander bewahrt u. a. ein Grünewald-Gemälde.

Aschaffenburg, Palace

The view of the mighty Ridinger-Schloß from the beginning of the C17 and the nearby Pompeianum which King Ludwig I erected from 1840 to 1848 on the bend of the Main has delighted many a painter's eye. Seldom does a riverside town present such a pleasing panorama. Aschaffenburg, which until 1814 belonged to the archbishops of Mainz, lies at the furthermost northwest tip of Bavaria. The most beautiful is once again offered to the art-lover as the last reserve, so to speak: the gallery in the Schloß is the most important of the Bavarian State Art Collection after Munich, and the collegiate church of St Peter and Alexander houses among others a Grünewald painting.

Aschaffenburg, le château

La vue offerte par le puissant château, construit par les Ridinger au début du XVIIᵉ siècle, et par le Pompeïanum (1840-1848) que fit construire le roi Louis Iᵉʳ tout auprès du château, sur la boucle que le Main dessine à cet endroit, a déjà fait enchanté bien des peintres. Il est rare qu'une ville sise sur un fleuve offre un panorama aussi beau. Aschaffenburg, qui appartint jusqu'en 1814 à l'archevêché de Mayence, est située sur la pointe formant l'extrémité nord-ouest de la Bavière. C'est pour ainsi dire comme un dernier déploiement de beauté pour réjouir encore une fois l'ami des arts: le château abrite une galerie qui est, après Munich, la plus importante collection de peintures de l'Etat de Bavière, l'église Saint-Pierre et Alexandre possède, entre autres, une peinture de Grünewald.

Aschaffenburg, il castello

Il panorama del massiccio castello dei Ridinger dagli inizii del 17. secolo e del Pompejanum eretto da Re Ludwig I. dal 1840 al 1848 vicino all'ansa del Meno è un motivo prediletto da numerosi pittori. Raramente una città alle sponde di un fiume offre vista più attraente. Aschaffenburg fino al 1814 appartenne alla Collegiata di Magonza e si trova nell'angolo estremo nordoccidentale della Baviera. Ciononostante all'amante dell'arte offre delle opere squisite: La Galleria nel castello, è seconda come importanza solo alla Pinacoteca di Monaco . La chiesa della Collegiata St. Peter und Alexander ospita fra altri un dipinto del grande Grünewald.

Miltenberg, Marktplatz am »Schnatterloch«

Miltenberg muß schon zur Römerzeit ein wichtiger Befestigungspunkt im Verlauf des Limes gewesen sein. Die Stadt ist wahrscheinlich auch erst im Anschluß und im Schatten der Burg entstanden. Die Lage an der Handelsstraße Köln-Frankfurt-Nürnberg brachte jedoch im Spätmittelalter Wohlstand, von dem noch heute die erhaltenen schönen Fachwerkbauten zeugen. Das Gasthaus »Zum Riesen«, die wohl älteste erhaltene Herberge Deutschlands, oder die schönen Giebelhäuser um das Schnatterlochtor auf dem Weg zur Burg sind Beispiele dafür. Im Vordergrund plätschert ein Sandstein-Brunnen von 1583 nach Nürnberger Art und vollendet das altfränkische Bild.

Miltenberg, market-place at the "Schnatterloch"

Miltenberg must already have been an important place of fortification on the limes in Roman times. Most probably the town first came into existence adjoining and in the shadow of the castle. Its situation on the trading-route Cologne-Frankfurt-Nuremberg however brought prosperity in the late middle ages which is reflected in the beautiful half-timbered buildings still remaining. The "Gasthaus zum Riesen", the oldest hostelry in existence in Germany, or the beautiful gabled houses around the "Schnatterloch" on the way to the castle are good examples. In the foreground is a sandstone fountain from 1583 in the Nuremberg style which completes the "Old Franconian" picture.

Miltenberg, la place du marché près du «Schnatterloch»

A l'époque romaine, Miltenberg était déjà une importante place fortifiée sur le limes. Selon toute vraisemblance, la ville est née ensuite à l'abri de la forteresse. Mais sa situation sur la voie commerciale Cologne-Francfort-Nuremberg lui a apporté vers la fin du Moyen-Age une prospérité dont témoignent les belles maisons à colombage conservées jusqu'à aujourd'hui. Ainsi par exemple, l'auberge «Zum Riesen», sans doute la plus ancienne qui soit conservée en Allemagne, ou bien, les belles maisons avec leurs pignons encadrant la porte du «Schnatterloch» que l'on emprunte pour aller au château. Au premier plan, le clapotis d'une fontaine en grès (1583) à la manière de Nuremberg qui vient parfaire le tableau ancienne Franconie.

Miltenberg, Piazza Mercato presso il «Schnatterloch»

Miltenberg già ai tempi dei romani dev'essere stato un'importante centro fortificato del limes. La città probabilmente s'è sviluppata soltanto dopo la costruzione del castello. La posizione strategica lungo la strada commerciale da Colonia a Francoforte e a Norimberga comportava nel tardo medioevo una grande ricchezza di cui le ben conservate case a traliccio ancor oggi ne sono testimoni: L'albergo «Zum Riesen» (Dal Gigante), uno dei più antichi hotel della Germania, le bellissime case patrizie, il portale Schnatterloch sulla strada che conduce al castello. In primo piano vediamo la fontana tipo norimberghese in arenaria del 1583 che ben si addice all'atmosfera antica-francone.

Bei Altenbuch im Spessart-Wald
Die Landschaftskulisse zum berühmten Filmspektakel des »Wirtshaus im Spessart«, wo die Bürger früherer Jahrhunderte ihre Angst vor den Räubern im dunklen Wald bei Bier und Wein zu vergessen suchten, könnte mit diesem Waldstück bei Altenbuch, in der Gegend von Miltenberg, identisch sein. Mit Wilhelm Hauffs literarischer Vorlage zum Film hat die Romantik dieses Bildes in jedem Fall sehr viel zu tun.

Near Altenbuch in the Spessart-Forest
The backcloth to the famous film of the "Wirtshaus im Spessart", where the people of former centuries tried to drown their fear of robbers lurking in the dark forest in beer and wine, could be identical with this wood near Altenbuch in the neighbourhood of Miltenberg. The romanticism of this picture has much in common with Wilhelm Hauff's literary text on which the film was based.

Près d'Altenbuch dans la forêt du Spessart
Cette forêt près d'Altenbuch, dans la région de Miltenberg, pourrait avoir fourni les paysages du célèbre film «L'auberge dans le Spessart» où, au cours des siècles passés, les gens cherchaient à noyer dans le vin et la bière leur peur des brigands dans la sombre forêt. Le romantisme de cette photo est en tout cas très évocateur de l'œuvre littéraire de Wilhelm Hauff d'après laquelle fut tourné ce film.

Presso Altenbuch nella foresta Spessart
Questo paesaggio tra Miltenberg ed Altenbuch sembra una quinta del noto film cinematografico «L'albergo nello Spessart»; in tempi ormai remoti i bravi cittadini cercarono di sopprimere la loro paura dai briganti nella selva orrida bevendo vino e birra. Lo schizzo letterario di Wilhelm Hauff che serví da spunto al film corrisponde perfettamente al romanticismo di questo panorama.

Wasserschloß Mespelbrunn

Der Mainzer Erzbischof schenkte Grund und Hofstätte im 15. Jahrhundert der Familie Echter, deren bedeutendster Sproß, der spätere Würzburger Fürstbischof Julius Echter, 1545 hier geboren wurde. Sein heutiges Aussehen erhielt das Schloß zwischen 1551 und 1569 weitgehend zu dessen Lebzeiten. Seit 1665 ist es im Besitz der Grafen von Ingelheim, die es auch noch heute ihr eigen nennen. Kaum ein anderes Schloß in Deutschland liegt so verträumt, märchenhaft, zu manchen Zeiten geradezu verwunschen wie dieses wildromantische Wasserschloß inmitten des Spessarts, weg von jeder Betriebsamkeit, aber auch von jeder Nestwärme und jedem Schutz einer nahegelegenen Siedlung.

The moated castle of Mespelbrunn

In the C15 the archbishop of Mainz gave land and court buildings to the Echter family whose most famous scion, the subsequent prince-bishop of Würzburg, Julius Echter, was born here in 1545. It received its present appearance between 1551 and 1569, mainly during his lifetime. Since 1665 it has been in the possession of the counts of Ingelheim who still own it. There is hardly another castle in Germany which lies in such a dreamy, fairytale setting, at times almost enchanted, as this wild romantic moated castle in the midst of the Spessart, far from any bustling activity, but also far from the warmth and shelter of any nearby settlement.

Le château de Mespelbrunn

Au XVᵉsiècle, l'archevêque de Mayence fit don du terrain et des bâtiments à la famille Echter dont le descendant le plus important, le futur prince-évêque de Würzburg, Julius Echter, naquit ici en 1545. Le château fut doté de son apparence actuelle (entre 1551 et 1569) en grande partie du vivant de ce dernier. Depuis 1665, il figure au patrimoine des comtes d'Ingelheim qui en sont les propriétaires aujourd'hui encore. Il n'y a guère d'autre château en Allemagne dont la situation soit aussi irréelle, féerique. En certaines saisons même, il semble enchanté, ce château romantique entouré d'eau au cœur du Spessart, loin de toute agitation, mais aussi de toute chaleur humaine et de tout secours que pourrait apporter le voisinage d'une agglomération quelconque.

Castello Mespelbrunn

L'Arcivescovo di Magonza diede in dono alla Famiglia Echter terreno e maso nel 15. secolo; il più noto Echter fu più tardi il Vescovo Principe di Würzburg Johann Echter, che qui nacque nel 1545. L'aspetto odierno del castello fu definito dal 1551 al 1569. Dal 1665 il castello è in possesso dei conti di Ingelheim, a cui ancor oggi appartiene. Nessun altro castello circondato dall'acqua giace cosí trasognato, fiabesco e talvolta dall'aspetto persino magico come questo castello: racchiuso da fitti boschi dello Spessart, è appartato da ogni rumoroso e sfrenato chiasso, lontano dal traffico e dal turismo.

Veitshöchheim, im Schloßpark
Nur wenige Kilometer von Würzburg mitten in einem kleinen fränkischen Ort gelegen und zur Dorfstraße durch eine unscheinbare Mauer getrennt, befindet sich ein Kleinod des Rokoko. Das bescheidene – und von Uneingeweihten wohl oft übersehene »Fasanentor« öffnet sich zu dem zauberhaften und intimen Erlebnis dieses Rokoko-Gartens in französischem Stil mit Hecken, Bosketten, Nischen, Rondellen und Pavillons. Er gewinnt zauberisches Leben durch die Sphingen mit Perücke und Dekolleté, durch die Schäfer und Schäferinnen, die Götter und Halbgötter, die der böhmische Bildhauer Ferdinand Tietz aus fränkischem Sandstein hier hineingestellt hat.

Veitshöchheim, in the Schloßpark
Only a few kilometres from Würzburg in the middle of a small Franconian village, divided from the village street by an insignificant wall stands a jewel of the rococo period. The modest – and often ignored – "Fasanentor" opens into the enchanting and intimate experience of this rococo garden in the French style with hedges, ornamental shrubberies, niches, flower beds and pavilions. It acquires magical life through the sphinxes with their wigs and decolletage, the shepherds and sheperdesses, gods and demigods, all made of Franconian sandstone, which the Bohemian sculptor Ferdinand Tietz placed here.

Veitshöchheim, dans le parc du château
A seulement quelques kilomètres de Würzburg, au cœur d'une petite agglomération franconienne et séparé de la rue du village par une simple muraille, on trouve un véritable joyau du rococo. Le modeste portail – que les non-initiés ne remarquent certainement pas – le «Fasanentor» s'ouvre sur la merveilleuse aventure qu'est la découverte de ce charmant petit parc rococo de style français avec ses haies, ses bosquets, ses niches, ses parterres et ses pavillons. Il est animé d'une vie féerique par les sphinx en perruque et décolleté, par les bergers et bergères, les dieux et demi-dieux en grès de Franconie dont l'a peuplé le sculpteur bohémien Ferdinand Tietz.

Veitshöchheim, Parco del castello
Soltanto pochi chilometri da Würzburg, in mezzo ad un piccolo paese della Franconia ed appartato dalla strada centrale del villaggio solo da un semplice muretto, troviamo un gioiello dell'arte rococo. Il cosidetto «Portone del Fagiano», modesto spesso inviso ci avvia alla meravigliosa ed intima avventura di questo giardino rococo in stile francese con siepi e boschetti con conche, rondò e padiglioni. Sparsi qua e la le sfingi con parrucche, figure di pastori e pastorelle, divinità e semidei, opere in arenaria francone dello scultore boemo Ferdinand Tietz.

122

Würzburg

Am Markt von Würzburg befinden wir uns in der Bürgerstadt, wo den Prachtbauten der Fürstbischöfe bescheidenere Zeugnisse einer ebenso hochstehenden Kultur entgegentreten. Die Bürger der Stadt, die in unruhevollen Zeiten immer wieder versucht hatten, die Herrschaft der Bischöfe abzuschütteln, haben im 14./15. Jahrhundert den Bau der Marienkapelle errichtet und es sich nicht nehmen lassen, ihn kostbar auszustatten. Hier standen die Statuen von Adam und Eva und die Apostel des Tilman Riemenschneider, der einer der begnadetsten Bildhauer und zugleich einer der Ihren war: als Bürgermeister und aufrührerischer Stadtrat wurde er 1525 gefangengesetzt.

Würzburg

On the market-place of Würzburg we are in the midst of the burgher town where the magnificent buildings of the prince-bishops confront more modest examples of a just as high-standing culture. The citizens of the town, who in troubled times continually tried to shake off the rule of the bishops, built the chapel of the Virgin in the C14/15 and insisted on furnishing it in a costly manner. Here stood the statues of Adam and Eve and the Apostles by Tilman Riemenschneider who was one of the most gifted sculptors and at the same time one of their own: as mayor and rebellious town councillor he was imprisoned in 1525.

Würzburg

Sur la place du marché de Würzburg, nous nous trouvons dans la ville des bourgeois qui oppose aux édifices somptueux des princes-évêques des témoignages plus modestes d'une culture tout aussi élevée. Les bourgeois de la ville, qui ont toujours profité des périodes de troubles pour essayer de mettre fin à la domination des évêques, ont édifié aux XIVe et XVe siècles la chapelle de la Vierge et ont mis leur point d'honneur à lui donner une décoration somptueuse. En ce lieu se dressaient les statues d'Adam et Eve et les apôtres de Tilman Riemenschneider qui était à la fois l'un des leurs et l'un des sculpteurs les plus doués: bourgmestre et conseiller fauteur de troubles, il fut mis en prison en 1525.

Würzburg

La piazza del mercato di Würzburg si trova al centro della città patrizia ove le case piú contenute dei borghesi stanno di fronte ai sontuosi palazzi dei Vescovi Principi. I cittadini spesso, specie in tempi brutti, hanno tentato di liberarsi dal regime dei vescovi, fecero erigere nel 14./15. secolo la cappella alla Vergine e la arredarono fastosamente. Qui erano esposte le statue di Adamo ed Eva e gli Apostoli dell'intagliatore in legno Tilman Riemenschneider, uno dei geniali maestri ed anche lui un borghese; era podestà e magistrato che, partecipe ad una rivolta, fu imprigionato nel 1525.

123

Mainschleife bei der Vogelsburg

Außer den großen Viereck- und Dreieckbögen zwischen Aschaffenburg und Lohr bzw. Gemünden, Ochsenfurt und Schweinfurt zieht der Main noch so manche kleine Schleife. So hier bei Escherndorf, wo er beinahe wieder auf seinen Anlauf zurückdrängt und nur eine schmale Landzunge umkurvt. Hoch oben liegt die Vogelsburg, von der aus man einen herrlichen Blick hat, am Bogen der Schleife Volkach und darüber das Kirchlein »Maria im Weinberg« mit der Madonna im Rosenkranz von Tilman Riemenschneider.

Bend of the Main near the Vogelsburg

Apart from the big right-angled and triangular bends between Aschaffenburg and Lohr and Gemünden, Ochsenfurt and Schweinfurt respectively, the Main makes quite a few little loops such as here near Escherndorf, where it nearly doubles back on its course, and curves around a narrow spit of land. High above lies the Vogelsburg from which one has a magnificent view to the arch of the bend, with Volkach and the little church "Maria im Weinberg" which contains the Madonna in a garland of roses by Tilman Riemenschneider.

La boucle du Main près du Vogelsburg

Outre les larges boucles qu'il dessine entre Aschaffenburg et Lohr (Mainviereck) et Gemünden, Ochsenfurt et Schweinfurt (Maindreieck), le Main forme encore quelques autres méandres plus petits. Ainsi par exemple près d'Escherndorf où il revient presque dans son lit en amont et baigne une étroite langue de terre. Tout en haut se dresse le Vogelsburg d'où l'on a une vue magnifique, avec Volkach sur l'arrondi de la boucle et, plus haut, la petite église «Marie des Vignobles» qui abrite la Madone au Rosaire de Tilman Riemenschneider.

L'ansa del Meno presso la Vogelsburg

A parte le estese anse quadre e triangolari tra Aschaffenburg e Lohr ovvero Gemünden, Ochsenfurt e Schweinfurt, il Meno disegna qualche altra minuta ansa. Come qui presso Escherndorf, dove le acque quasi fanno marcia indietro, formando una piccola penisola bislunga. In alto si staglia il castello Vogelsburg, dal quale si gode un magnifico panorama: nell'ansa si intravvede Volkach sotto la chiesetta «Maria im Weinberg» (Madonna delle viti) con la Madonna del rosario, opera dell'intagliatore in legno Tilman Riemenschneider.

Volkach, Wallfahrtskirche »Maria im Weinberg«

Ein Kreuzweg mit seinen Stationen führt von dem Städtchen Volkach auf die Höhe im Norden, wo sich die kleine, aus einer Klause entstandene Wallfahrtskirche vom Horizont abhebt. Weinberge, Wiesen und Obstbäume säumen den Weg und umrahmen das Kirchlein, das Schrein ist für eines der köstlichsten spätgotischen Schnitzwerke, die auf uns gekommen sind: die Madonna im Rosenkranz von Tilman Riemenschneider (um 1521-24). Von Kunsträubern 1962 entführt, glücklich wiedergefunden und restauriert, hat es seinen ursprüglichen Platz eingenommen als einer der Höhepunkte fränkischer Kunst.

Volkach, pilgrimage church "Maria im Weinberg"

A path with the Stations of the Cross leads north from the small town of Volkach to the hills where the little pilgrimage church, founded on a hermitage, stands on the horizon. Vineyards, meadows and fruit-trees border the path and frame the church which is the shrine of one of the most precious late-Gothic carvings that have been left to us: the Madonna in a garland of roses by Tilman Riemenschneider (ca.1521-24). Stolen by art thieves in 1962, it was fortunately recovered, and has assumed its original place as one of the pinnacles of Franconian art.

Volkach, l'église de pèlerinage «Marie des Vignobles»

Un chemin de croix part de la petite ville de Volkach et conduit, de station en staion, vers la hauteur qui se trouve au nord et où se détache à l'horizon la petite église de pèlerinage construite à partir d'un ancien ermitage. Des vignobles, des près et des vergers bordent le chemin et encadrent la petite église. Elle abrite l'une des sculptures sur bois du gothique flamboyant les plus précieuses qui nous soient parvenues: la Madone au Rosaire de Tilman Riemenschneider (vers 1521-24). Enlevée par des pilleurs d'objets d'art en 1962, elle a heureusement été retrouvée et restaurée avant de reprendre sa place initiale où on peut admirer cette œuvre d'art, l'une des plus belles expressions de l'art franconien.

Volkach, Chiesa di pellegrinaggio «Maria im Weinberg»

Una via crucis con le sue stazioni conduce dalla cittadina di Volkach sull'altura a settentrione dove si trova la piccola chiesa di pellegrinaggio, sorta da una chiusa. Vigneti, prati e frutteti fanno da cornice alla via ed alla chiesa che ospita uno dei piú importanti fulcri del tardogotico pervenutoci: La Madonna del Rosario dell'intagliatore in legno Tilman Riemenschneider (ca. 1521-24). Rapita da ladri d'oggetti d'arte nel 1962 fu fortunosamente ritrovata e restaurata: uno dei massimi monumenti dell'arte francone è stato riposto al suo luogo originario.

Ochsenfurt, Rathaus

Am südlichen Zipfel des Maindreiecks gelegen, ist Ochsenfurt ähnlich wie Schweinfurt im Norden auf einem ziemlich regelmäßigen viereckigen Grundplan gebaut, geteilt von einer am Rathaus sich gabelnden Ost-West-Achse. Das ochsenblutrot gestrichene Rathaus mit zwei Flügeln gehört zu den schönsten in Franken. Der westliche Hauptbau entstand Ende des 15. Jahrhunderts, das Uhrtürmchen (im Bild) und sein Spielwerk kam um 1560 hinzu. Butzenscheiben, die Maßwerkbalustrade und die Madonna von 1498 unter ihrem Baldachin an der Ecke des Gebäudes runden das Bild ab.

Ochsenfurt, Town Hall

Lying at the southern tip of the Main triangle, Ochsenfurt, like Schweinfurt to the north, is built to a fairly regular quadratic plan, divided by an east-west axis. Painted blood-red, the Town Hall with its two wings is among the most beautiful in Franconia. The main west building was erected at the end of the C15 and the little clock tower and its chimes were added in 1560. The picture is completed by the bull's eye panes, the tracery balustrade and the Madonna of 1498 under its baldachin at the corner of the building.

Ochsenfurt, l'Hôtel de Ville

Situé à la pointe sud du «Maindreieck», Ochsenfurt, tout comme Schweinfurt au nord, est bâtie sur un plan en carré assez régulier traversé par un axe est-ouest bifurquant au niveau de l'Hôtel de Ville qui, peint en rouge sang de bœuf et pourvu de deux ailes, compte parmi les plus beaux édifices de ce genre en Franconie. Le corps de bâtiment ouest fut édifié à la fin du XVe siècle, le clocheton de l'horloge et son mécanisme furent ajoutés vers 1560. Des vitres en cul-de-bouteille, la balustrade à réseaux et la Madone de 1498, sous son dais, au coin de l'édifice, enrichissent son apparence.

Ochsenfurt, Municipio

Situato all'estremo meridione del triangolo del Meno, Ochsenfurt, simile a Schweinfurt nel settentrione, è stato eretto su una pianta rettangolare, divisa da un'asse stradale est-ovest che si divide presso il municipio. Quest'edificio tinto di rosso sangue a due ali è indubbiamente uno dei più belli di tutta la Franconia. La parte centrale ad occidente è sorta verso la fine del quattrocento, la torre dell'orologio, ovvero la parte meccanica fu installata verso il 1560. I vetri a tondi, la balaustrata a traforo e la Madonna con baldacchino del 1498 sull'angolo arricchiscono l'edificio.

Weißenburg, Stadtbefestigung
Wenn man von Eichstätt nach Nürnberg fährt, sieht man schon von der Umgehungsstraße aus den Stolz der Stadt: das Ellinger Tor, das uns zu einem Besuch einlädt. Weißenburg gelang es im 14. Jahrhundert, den Stand einer reichsfreien Stadt zu erlangen, den es bis 1806, als es an Bayern fiel, behielt. Stolz umgab es sich mit einer noch unbeschadet erhaltenen Stadtmauer samt Graben.
Schon die Römer hatten hier am Limes ein großes steinernes Kastell errichtet; das Wissen darum mag möglicherweise im Namen der Stadt noch heute seinen Nachklang finden.

Weißenburg, town fortifications
Travelling from Eichstätt to Nuremberg one already sees the pride of the town from the by-pass road: the Ellinger gate through which one enters the town. In the C14 Weißenburg managed to gain the status of an imperial city which it kept until it fell to Bavaria in 1806. It was proudly surrounded by town walls and ditch which are still intact.
The Romans had already built a great stone castellum here on the limes; it is possible that the present name reflects its previous function.

Weißenburg, les murs de la ville
Sur la route de Eichstätt à Nuremberg, lorsqu'on contourne la ville, elle vous apparaît déjà dans toute sa fierté, avec le Ellinger Tor qui vous invite à entrer pour une visite. Au XIVᵉ siècle, Weißenburg parvint à obtenir le statut de ville libre d'Empire, statut qu'elle conserva jusqu'en 1806, année de son rattachement à la Bavière. Elle était fièrement entourée de murs et de fossés encore intacts.
Les Romains avaient déjà érigé un grand castellum de pierre en cet endroit, sur le limes. Le nom de la ville en est peut-être la réminiscence loitaine.

Weißenburg, fortificazioni della città
Viaggiando da Eichstätt in direzione Norimberga già dalla circonvallazione si vede l'orgoglio della città: «la porta di Ellingen» che ci invita ad una visita. Nel 14. secolo Weißenburg riuscí ad essere città libera dell'Impero, onore che riuscí a conservare fino al 1806, allorquando venne incorporata nella Baviera. Orogliosamente si costruí un muraglia fortificata attorno al centro abitato con tanto di fossato, ancor oggi in ottimo stato.
Già i Romani edificarono qui, al limes – un loro castello in pietra; questo «Burg» (castello) ancor oggi riecheggia nel nome di Weißenburg.

127

Rothenburg ob der Tauber

Rothenburg, die Verkörperung eines mittelalterlichen Städtchens schlechthin, wo sich heute die Touristen drängen, um sich aus unserer betriebsamen Zeit Jahrhunderte zurückversetzt zu fühlen, bietet auch außerhalb seines Befestigungsringes aus dem 13. bis 15. Jahrhundert reizvolle Aus- und Einblicke. Hier am Kobolzeller Tor bietet sich eine herrliche Sicht auf das Taubertal. In einer knappen halben Stunde kann man zu dem Topplerschlößchen spazieren, dem turmartigen Bau des berühmtesten Rothenburger Bürgermeisters mit dem hohen Giebeldach von 1388. Fernab vom Getriebe der Gassen und Plätze steht man hier vor einer Vedute, die einem Dürerschen Aquarell entstiegen zu sein scheint.

Rothenburg ob der Tauber

In Rothenburg, the ideal incorporation of a little mediaeval town, where today the tourists throng in order to step out of our busy times into the atmosphere of past centuries, there is not only a fortification ring from the C13-15 but also charming views both outside and inside the town. Here at the Kobolzeller gate there is a delightful outlook over the Tauber valley. In less than half an hour one can walk to the little Topplerschloß, the tower-like building of the most famous Mayor of Rothenburg with its high gabled roof from 1388. Far from the bustle of lanes and squares one stands in front of a veduta which would seem to have come out of a Dürer water-colour.

Rothenburg ob der Tauber

Rothenburg, l'exemple même de la petite ville médiévale où touristes d'aujourd'hui se pressent pour se donner l'impression d'être transportés quelques siècles en arrière, loin de notre époque agitée, a bien plus à offrir que son enceinte de fortifications datant du XIIIᵉ au XVᵉ siècle, à savoir de charmantes vues et perspectives. Ici, par exemple, du Kobolzeller Tor, on a une vue magnifique sur la vallée de la Tauber. A une demi-heure de marche à peine, on trouve le manoir Toppler, construction en forme de tour édifiée par le plus célèbre de tous les bourgmestres de Rothenburg, avec son haut toit à pignon datant de 1388. Loin de l'agitation des ruelles et des places, on se trouve devant un paysage qui semble sorti d'une aquarelle de Dürer.

Rothenburg ob der Tauber

Rothenburg è l'incarnazione di una cittadina medievale, nella quale oggi i turisti di tutto il mondo si danno convegno in masse, quasi volessero essere trasferiti nel passato – dalla nostra epoca frenetica in quella più tranquilla di secoli fa. Ma anche oltre la mura di cinta del 13. al 15. secolo le bellezze del paese continuano. Qui, presso il Kobolzeller Tor si gode il magnifico panorama sulla vallata del Tauber. In appena mezz'oretta si può passeggiare fino al castello Topplerschlößchen, la costruzione turrita del famoso sindaco di Rothenburg con l'alto tetto a spioventi del 1388. Lontano dal chiasso di vicoli e piazzette si sta di fronte ad una veduta come già Dürer l'avrebbe potuta dipingere.

Dinkelsbühl, das sogenannte »Deutsche Haus«

Die alte Staufer-Stadt Dinkelsbühl ist eine der best-erhaltenen spätmittelalterlichen Städte Süddeutschlands. Ab 1355 Freie Reichsstadt, im Dreißigjährigen Krieg mehrmals heimgesucht (die »Kinderzeche« erinnert daran), wurde die Stadt 1806 bayerisch. Sie verdankt ihr altes Stadtbild mit den weitgehend noch intakten Stadtbefestigungen übrigens König Ludwig I., der den drohenden Abbruch des alten Stadtkerns verbieten ließ. So blieb auch das herrliche Fachwerkhaus des sogenannten »Deutschen Hauses« – ein ehemaliges Handelshaus, heute ein »Altdeutsches Restaurant« – in seiner ganzen Pracht stehen.

Dinkelsbühl, the so-called ”Deutsche Haus”

The old Staufer town of Dinkelsbühl is one of the best-preserved late mediaeval towns in Germany. A Free Imperial City after 1355, many times the scene of fighting during the Thirty Years War (the ”Kinderzeche” is a reminder of this), the town finally became Bavarian in 1806. It owes its old-world appearance and almost intact town fortifications to King Ludwig I, who forbade the threatened demolition of the old centre. Thus this lovely half-timbered building, the so-called ”Deutsche Haus” – a former merchant's house and now a hotel and restaurant – remained standing in all its glory.

Dinkelsbühl, la maison dite «Deutsches Haus»

Ancienne ville des Staufen, Dinkelsbühl est l'une des villes de la fin du Moyen-Age les mieux conservées de l'Allemagne du Sud. Ville Libre d'Empire à partir de 1355, plusieurs fois éprouvée par la guerre de Trente Ans (la fête populaire du «Kinderzeche» en est la commémoration), la ville fut rattachée à la Bavière en 1806. Elle doit d'ailleurs l'aspect de sa vieille ville, avec ses murs encore largement intacts, au roi Louis Ier qui fit interdire la démolition imminente du vieux centre. C'est ainsi que fut conservée dans toute sa splendeur le magnifique édifice en pans de bois de la maison dite «Deutsches Haus», ancienne maison de commerce abritant aujourd'hui le «Altdeutsches Restaurant».

Dinkelbühl, la cosidetta «Deutsches Haus»

L'antica città degli Staufen, Dinkelsbühl, è una delle città medievali meglio conservate della Germania meridionale. Dal 1355 città libera dell'Impero, fu implicata per diverse volte nella guerra dei Trent'anni. Nel 1806 divenne parte della Baviera. Deve il suo aspetto medievale con le mura di cinta in maggior parte ben conservate, a Re Ludwig I. di Baviera che proibì la demolizione del centro antico. Fu salvata cosí anche l'antica casa a traliccio, la cosidetta «Deutsches Haus» una casa antica di commercianti, che oggi ospita un pomposo ristorante in stile antico-tedesco.

Pappenheim, Pfarrkirche und Altes Schloß

Wer kennt nicht »seine Pappenheimer«, aber wer kennt schon Pappenheim? Mit Reichsmarschall Heinrich hatten die Pappenheimer zur Zeit Kaiser Friedrich Barbarossas ihren mächtigsten Vertreter, aber das Amt wurde erblich, und noch im Dreißigjährigen Krieg spielte das Geschlecht – wie man durch Schiller weiß – seine Rolle. Unterhalb ihrer Burg in einer Altmühlschleife entwickelte sich die unvergleichlich gelegene Stadt. An einer der zwei Achsen der regelmäßigen Siedlung liegt das Alte Schloß mit zwei Flügeln aus dem 16. Jahrhundert, dahinter die Pfarrkirche mit ihrer Einturm-Fassade.

Pappenheim, parish church and Old Palace

All Germans know "their Pappenheimer" (a popular quotation from Schiller's Wallenstein), but who knows Pappenheim? In Reichsmarschall Heinrich the people of Pappenheim had their most powerful representative at the time of Emperor Friedrich Barbarossa, but the post became hereditary, and in the Thirty Years War the line still played its part – as one knows through Schiller. Below its castle the incomparably situated town unfolds itself in a bend of the Altmühl. On one of the two axes of the regularly planned settlement lies the Old Palace with two wings from the C16, behind it the parish church with its single tower façade.

Pappenheim, l'église et le Vieux Château

Qui ne connaît les Pappenheimer, mais qui donc connaît Pappenheim? C'est à l'époque de l'empereur Frédéric Barberousse que les Pappenheimer eurent leur représentant le plus puissant, le maréchal d'Empire Henri, puis la fonction devint héréditaire et la lignée jouait encore un rôle – comme on le sait par Schiller – pendant la guerre de Trente Ans. Audessous de leur château, dans une bouche de l'Altmühl, la ville a trouvé une situation incomparable et s'y est développée. Sur l'un des deux axes de l'agglomération au plan régulier se trouvent le Vieux Château avec deux ailes datant du XVIe siècle et, derrière l'église paroissiale avec sa façade surmontée d'une tour.

Pappenheim Chiesa e Castello antico

Conoscere i proverbiali «Pappenheimer», significa conoscerne bene i difetti. Ma la città stessa, chi la conosce? Il maresciallo dell'Impero Heinrich era ai tempi dell'Imperatore Friedrich Barbarossa il loro più rinnomato rappresentante, l'ufficio però divenne ereditario e ancora nella guerra dei Trent'anni la stirpe – come ci fa notare Friedrich von Schiller – ebbe il suo dire. Ai piedi del loro castello, nell'ansa del fiume Altmühl, si sviluppò la meravigliosa cittadina. Una delle due assi regolari del traffico conduce all'antico castello con le due ali costruite nel 16. secolo. Sullo sfondo la chiesa parrocchiale con la sua facciata a torre unica.

Altmühltal

Das Altmühltal ist eines der reizvollsten Wandergebiete, das sich denken läßt:der stille, sich durch die Wiesen mäandernde Fluß, Schleifen und Schlingen bildend mit immer neuen Ausblicken, begleitet von den bizarren Felsgebilden, die das Wasser aus der vorzeitlichen Jurakalkplatte herausgewaschen hat und die durch ständige Verwitterung eher noch bizarrer geworden sind. Bei Geologen und Petrefaktenliebhabern weltweit bekannt ist das Altmühltal durch seine Abdrücke vorgeschichtlicher Flora und Fauna im Solnhofener Gestein.

The valley of the Altmühl

The valley of the Altmühl is one of the most enchanting hiking areas imaginable: the quiet river meanders through the meadows, its curves and bends forming constantly new aspects, accompanied by bizarre rock formations which were washed out of the prehistoric Jura plateau and have become even more bizarre through weathering. The Altmühl valley is known by geologists and fossil-lovers all over the world through its imprints of prehistoric flora and fauna in the Solnhofen rock.

La vallée de l'Altmühl

La vallée de l'Altmühl est la plus charmante région de randonnées que l'on puisse imaginer. La rivière tranquille serpente à travers les prairies, formant boucles et méandres et offrant un spectacle toujours nouveau, bordée de rochers aux formes bizarres que l'eau a dégagés de la couche de calcaire jurassique et que l'exposition constante aux intempéries a continué de torturer. La vallée de l'Altmühl est bien connue des géologues et des amateurs de fossiles du monde entier pour ses empreintes de la flore et de la faune préhistoriques sur les roches de Solnhofen.

Valle dell'Altmühl

La vallata dell'Altmühl è uno dei paesaggi più ameni per fare delle passeggiate: il silenzioso fiume serpeggia, formando meandri, anse semicerchi sul fondo della valle e ci sorprende con sempre nuove impressioni, panorami e bizzarre formazioni rocciose, che le acque in secoli hanno scolpite nel calcareo giurassico, e che le intemperie hanno rese più favolose ancora. La vallata del Altmühl è inoltre arcinota e famosa a geologi ed amanti di pietrificazioni di flora e fauna impressi specialmente nelle pietre di Solnhofen.

Nördlingen, alte Stadtmauer

Der vollständig und ungewöhnlich gut erhaltene Mauergürtel Nördlingens mit 16 Türmen – fünf davon sind Tore – stammt aus dem frühen 14. Jahrhundert und umschließt schützend den eirunden mittelalterlichen Stadtkern.

Das auf dem Platz einer Römersiedlung im Ries (nach der alten römischen Provinzbezeichnung »Raetia«) entstandene Nördlingen war bis 898 königliches Hofgut, wurde dann dem Bischof von Regensburg verstiftet, ehe es 1215 durch Kaiser Friedrich II. zum Reich zurückkam und zur Freien Reichsstadt aufstieg, gefestigt durch Privilegien aus der Hand Ludwigs des Bayern und Karls IV. An Bayern fiel die Reichsstadt 1803 bei der Neuordnung Mitteleuropas durch Napoleon.

Nördlingen, old town wall

The complete and unusually well-preserved wall around Nördlingen with 16 towers – five of them are gates – dates from the early C14 and forms a protective circle around the oval centre of the mediaeval town. Nördlingen which developed on the site of a Roman settlement in Ries (after the old Roman province name "Raetia") was a royal possession until 898, was then donated to the bishop of Regensburg before it came back to the empire in 1215 through Emperor Friedrich II, and rose to be an imperial town, fortified through privileges from the hands of Emperor Ludwig the Bavarian and Karl IV. The free town fell to Bavaria in 1803 through the reorganization of mid-Europe under Napoleon.

Nördlingen, ancienne enceinte de la ville

Extraordinairement bien conservée et complète, avec ses seize tours – dont cinq sont des portes –, la ceinture de murs de Nördlingen date du début du XIVᵉ siècle et forme une enceinte protectrice autour de l'oval du noyau médiéval de la ville.

Nördlingen est apparue sur l'emplacement d'une agglomération romaine, dans le Ries (qui doit son nom à la «Raetia», ancienne province romaine). Elle fut domaine royal jusqu'en 898, puis fut transférée à l'évêque de Ratisbonne avant d'être réintégrée à l'Empire en 1215 par l'empereur Frédéric II, reçut le statut de ville libre d'Empire, statut qu'affirmèrent des privilèges accordés par Louis le Bavarios et Charles IV. Cette ville impériale ne fut rattachée à la Bavière qu'en 1803.

Nördlingen, mura di cinta antiche

Le mura di cinta complete ed ancora intatte di Nördlingen con 16 torri – di cui cinque fungono da porte cittadine – sono state erette nel 14. secolo e circondano l'ovale centro abitato medievale. Sorta nel luogo di una colonia romana nel Ries (da qui il romano «raetia»), Nördlingen fino al 898 era una cascina del Re, divenne una fondazione del vescovo di Ratisbona e ritornò nel 1215 sotto l'Imperatore Friedrich II. all'Impero; divenne città libera dell'Impero ed ebbe privilegi da Ludwig der Bayer e da Karl IV. Napoleone, riordinando l'Europa centrale, consegnò la città alla Baviera.

Augsburg, Rathaus
Das Augsburger Rathaus ist ein Höhepunkt reichsstädtischen Bauens und ein Glanzpunkt deutscher Renaissance-Baukunst. Das im Zweiten Weltkrieg bis auf die Außenmauern zerstörte Gebäude bietet heute nach seiner Restaurierung in den siebziger Jahren wenigstens im Äußeren den Anblick alter Pracht. Die Vernichtung seines Inneren, vor allem des berühmten »Goldenen Saales«, gehört zu den großen Verlusten deutscher Kunst, auch wenn eine Rekonstruktion des Saales, um 1987 abgeschlossen, wieder eine Ahnung von der einstigen Pracht vermittelt.

Augsburg, Town Hall
The Town Hall of Augsburg is a climax of Free Imperial building and a shining example of German Renaissance. During the Second World War it was reduced to a shell, but this damage can no longer be seen from the outside at least after restoration in the seventies. The destruction of the interior, in particular the famous "Golden Hall", is among the great losses to German art, although a reconstruction of the hall which was completed in 1987 gives some idea of its original splendour.

Augsbourg, l'Hôtel de Ville
L'Hôtel de Ville d'Augsbourg marque un sommet dans l'architecture des villes d'Empire et c'est un brillant témoin de l'architecture de la Renaissance en Allemagne. Détruit pendant la Seconde Guerre mondiale, restauré dans les années soixante-dix, cet édifice dont il ne restait que les murs extérieurs a retrouvé son ancienne splendeur, à l'extérieur du moins, car la destruction de l'intérieur, et de la célèbre salle dite «Goldener Saal» surtout, reste l'une des grandes pertes de l'art allemand même si la reconstitution de cette salle – achevée en 1987 – permet de se faire une idée de son ancienne splendeur.

Augusta, Municipio
Il municipio di Augusta è un fulcro dell'architettura della città imperiale ed anche un gioiello dell'architettura rinascimentale. Nella seconda guerra fu distrutto, ma sulle fondamenta fu ricostruito l'esterno negli anni settanta che ci ricorda lo splendore del passato. Nell'interno la distruzione della «Sala aurea» significava una perdita inestimabile per l'arte tedesca, anche se una ricostruzione, finita nel 1987, fornisce un'idea della bellezza originale.

Ottobeuren

Auf einer sanften Bodenwelle im Günz-Tal im Kreis Memmingen dehnt sich eine der prächtigsten Klosteranlagen Süddeutschlands aus. Ihre Klosterkirche gehört zu den bedeutendsten barocken Bauwerken Deutschlands. Der Neubau wurde zwischen 1737 und 1766 nach Plänen von Simpert Kramer und danach von Joseph Effner aus München unter dem Baumeister Johann Michael Fischer erbaut. Die Fresken in dem gewaltigen Raum stammen von Johann Jakob Zeiller, der Stuck von Johann Michael Feichtmayr. »In der Entwicklungsreihe Dießen-Fürstenzell-Zwiefalten«, schreibt Herbert Schindler in seiner »Großen Bayerischen Kunstgeschichte«, »ist Ottobeuren der meisterliche, monumentale, bewegungsgebändigte Schlußakkord.«

Ottobeuren

South Germany's most magnificent monastery spreads itself out on a smooth hillock in the valley of the Günz in the district of Memmingen. Its monastery church belongs to the most important baroque buildings in Germany. The new church was built between 1737 and 1766 to plans by Simpert Kramer and afterwards by Joseph Effner of Munich, under the master builder Johann Michael Fischer. The frescoes in the vast room are by Johann Jakob Zeiller, the stucco by Johann Michael Feichtmayr. In his book "Große Bayerische Kunstgeschichte" Herbert Schindler wrote: "In the line of development Dießen-Fürstenzell-Zwiefalten, Ottobeuren is the most masterly, monumental and restrained finale."

Ottobeuren

Le plus bel ensemble monastique de l'Allemagne du Sud s'élève sur une douce ondulation de terrain, dans la vallée de la Günz, district de Memmingen. Son eglise est le plus important édifice baroque d'Allemagne. Elle fut construite de 1737 à 1766 d'après les plans de Simpert Kramer, ensuite d'après ceux de Joseph Effner de Munich, sous la direction de l'architecte Johann Michael Fischer. Les fresques ornant ce vaste espace sont de Johann Jakob Zeiller, les stucs de Johann Michael Feichtmayr. Dans son ouvrage «Große Bayerische Kunstgeschichte», Herbert Schindler écrit: «Dans l'évolution marquée en série par Dießen, Fürstenzell, Zwiefalten, Ottobeuren pose l'accord final, magistral, monumental, dans une maîtrise totale du mouvement».

Ottobeuren

Su una dolce altura della vallata del Günz presso Memmingen si erige uno degli impianti conventuali piú sontuosi della Germania meridionale. La chiesa conventuale è da ritenersi una delle costruzioni sacrali più importanti del barocco. La ricostruzione avvenne tra il 1737 ed il 1766 secondo piani di Simpert Kramer e poi di Joseph Effner per mano dell'architetto Johann Michael Fischer. Gli affreschi nel gigantesco interno sono opera di Johann Jakob Zeiller, gli stucchi di Johann Michael Feichtmayr. Herbert Schindler considera «dopo Dießen, Fürstenzell, Zwiefalten, il convento di Ottobeuren come il magistrale e monumentale accordo finale.» Sopra il portone d'entrata della chiesa si legge: «Haec est domus Dei et porta coeli.» Quest'è la casa di Dio e la porta per il cielo.

Lindau im Bodensee, Hafen

Im Herbst 1805, nachdem Bayern mit Frankreich ein Schutz- und Trutzbündnis geschlossen hatte, erhielt es nach Napoleons Sieg bei Austerlitz weiteren Gebietszuwachs, darunter auch die Inselstadt Lindau im Bodensee, die seither die äußerste Südwestecke des Landes bildet. Lindaus Hafen in seiner heutigen Gestalt, mit dem Leuchtturm und dem steinernen Löwendenkmal an den Enden der beiden Hafenmolen, stammt aus dem Jahr 1856, als der bereits 1811 angelegte Hafen erweitert werden mußte. Den Löwen modellierte der Schwanthaler-Schüler Johann von Halbig, von dem übrigens auch die Löwenquadriga auf dem Siegestor in München stammt.

Lindau on Lake Constance, Harbour

In the autumn of 1805 after Bavaria had concluded a "Defence and Offence" pact with France she gained further territory after Napoleon's victory of Austerlitz, including the island town of Lindau on Lake Constance which has formed the extreme southwest corner of the land ever since. The light beacon and the stone lion on the two ends of Lindau's harbour walls date from the year 1856, when the harbour which had been constructed in 1811 had to be enlarged. The lion is by Johann von Halbig, a pupil of Schwanthaler, who also modelled the lion-quadriga on the Siegestor in Munich.

Lindau sur le lac de Constance, le port

En automne 1805, en raison du traité d'alliance défensive et offensive conclu avec la France, la Bavière s'agrandit de nouveaux territoires après la victoire de Napoléon à Austerlitz, entre autres de la ville insulaire de Lindau sur le lac de Constance qui, depuis cette époque, forme l'extrémité sud-ouest du pays. Construit en 1811, le port de Lindau dut être agrandi en 1856 et fut alors doté de son phare et du lion de pierre sur les extrémités des deux jetées. Le Lion est l'œuvre d'un élève de Schwanthaler, Johann von Halbig qui, par ailleurs, est également l'auteur du quadrige de lions surmontant le Siegestor de Munich.

Lindau e il lago di Costanza

Nell'autunno del 1805 Baviera e Francia avevano firmato un patto di alleanza difensiva e dopo la vittoria di Napoleone nella battaglia di Austerlitz come ingrandimento del suo territorio nell'angolo sudovest la Baviera ottene la città isolana Lindavia sul lago di Costanza. Il porto di Lindavia come si presenta oggi con il faro ed il monumento pitreo del leone agli estremi dei moli è del 1856 dopo l'ingrandimento del porto scavato nel 1811. Il leone è opera di uno scolaro di Schwanthaler, Johann von Halbig, il quale scolpí anche la quadriga dell'Arco di trionfo a Monaco. Lindavia dal 13. secolo fino al 1895 era città libera dell'Impero e specie nei secoli 14. e 15. era di grande importanza per il commercio con la Svizzera.

Kempten, ehemalige Benediktiner-Klosterkirche St. Lorenz

Das ursprünglich keltische »Cambodunum«, dann Römerstadt mit Forum, Basilika und Thermen, teilte sich nach dem Alemannensturm mit der Errichtung einer Missionszelle des St. Gallener Mönches Audogar in einen geistlichen Bezirk mit dem späteren Territorium des Fürstenstifts Kempten und in die Bürgerstadt an der Iller, die 1289 ihre Reichsfreiheit erhielt und 1803 an Bayern kam.
Zwischen 1652 und 1666, nach der Vernichtung von Kloster und Kirche im Dreißigjährigen Krieg, entstand der Neubau von St. Lorenz als Klosterpfarrkirche. Erster Baumeister war Michael Beer aus Vorarlberg, der 1654 den Weiterbau an den Graubündner Johann Serro übertrug.

Kempten, former Benedictine monastery of St Lorenz

Kempten was originally the Celtic "Cambodunum", then a Roman town with forum, basilica and baths. After attack by the Alemanni and with the formation of a mission centre by the monk Audogar from St Gallen, it was divided into an ecclesiastical region with the subsequent territory of the bishops of Kempten, and the burgher town on the Iller which received its imperial freedom in 1289 and came to Bavaria in 1803.
Between 1652 and 1666, after the destruction of the monastery and church during the Thirty Years War, the church of St Lorenz was built as parish church of the monastery. The first master builder was Michael Beer from Vorarlberg who was then succeeded by Johann Serro of Grisons.

Kempten, Saint-Laurent, ancienne église d'un monastère de Bénédictins

D'origine celtique, «Cambodunum» fut ensuite une cité romaine avec forum, basilique et thermes, et, après les invasions des Alamans, elle si divisa en deux: d'un côté la fondation d'une cellule missionaire du moine Audogar de St. Gallen donna naissance à une circonscription ecclésiastique qui devint par la suite le territoire de la principauté ecclésiastique de Kempten, de l'autre la ville bourgeoise sur l'Iller qui reçut le statut de ville libre impériale en 1289 et fut rattachée à la Bavière en 1803.
Après la destruction du monastère et de son église pendant la guerre de Trente Ans, l'église Saint-Laurent fut édifiée entre 1652 et 1666.

Kempten, ex-chiesa conventuale benedittina St. Lorenz

Fondata dai celti, Cambodunum sotto i romani ebbe un foro, la basilica e le terme mentre sotto gli alemanni fu divisa in una città ecclesiastica, centro della evangelizzazione del monaco Audogar di San Gallo, territorio sul quale sorse la Collegiata di Kempten, ed una città dei borghesi sulle sponde dell'Iller che nel 1289 divenne città libera dell'Impero fino al 1803, quando fu incorporata nel territorio bavarese.
Tra il 1652 ed il 1666, dopo la distruzione di convento e chiesa nella guerra dei Trent'anni ebbe inizio la ricostruzione di S. Lorenzo. Il primo architetto fu Michael Beer di Vorarlberg, seguito dal 1654 da Johann Serro dei Grigioni. Le torri ottagonali coronate da elmi furono aggiunte posteriormente.

Freibergsee bei Oberstdorf
Zum vielfältigen Angebot an Sport-, Erholungs- und Kurmöglichkeiten des in den Allgäuer Alpen ganz obenan auf der Hitliste der Touristik stehenden Bergdorfes Oberstdorf gehört auch der idyllisch gelegene Freibergsee. Er liegt im Bereich eines Wanderwegnetzes von 190 Kilometern rund um Oberstdorf.

Freibergsee near Oberstdorf
The mountain village of Oberstdorf in the Allgäuer Alps, which tops the tourist lists, offers many possibilities for sport, recreation and health cures, including the idyllic surroundings of Freibergsee. It lies on one of the paths which form a network of 120 miles around Oberstdorf.

Le Freibergsee près d'Oberstdorf
Ce lac situé dans un cadre idyllique fait partie du riche programme d'activités sportives, de détente et de cures offert par Oberstdorf, village de montagne arrivant en tête du hit parade touristique des Alpes de l'Allgäu. Le Freibergsee est situé dans une zone desservie par un réseau de 190 kilomètres de chemins de randonnée aménagés tout autour d'Oberstdorf.

Lago Freibergsee presso Oberstdorf
Le possibilità di attività sportive e di svago nella regione attorno ad Oberstdorf, centro di cura nelle alpi dell'Algovia, sono infinite. Uno di queste è il lago Freibergsee che si trova in mezzo ad una rete lunga 190 chilometri di passeggiate nella natura attorno al villaggio alpino di Oberstdorf.

Pfronten

Das ebenso als Luftkurort wie als Wintersportplatz bekannte Pfronten im Tal der Vils besteht eigentlich aus dreizehn kleinen Ortschaften am Alpenrand (»ad *frontes* Alpium Juliarum«), die zum Teil weit auseinanderliegen.

Beherrschend über die Ortsteile ragt der sehr hohe Barockturm (1749 vollendet) der Pfarrkirche St. Nikolaus in Pfronten-Berg empor, zu Füßen des Falkensteins, auf dem heute noch eine Ruine von der Burg Falkenstein zeugt, die seit 1290 den Pfleger des Augsburger Hochstiftes beherbergte, zu dem Pfrontens Ortsteile gehört haben. Eine bizarr-romantische Neubauplanung der Burg, die Max Schultze im Auftrag König Ludwigs II. von Bayern ausführen sollte, kam nicht über das Modell hinaus.

Pfronten

Pfronten in the valley of the Vils, as famous for its healthy climate as its winter sports, actually consists of thirteen small villages on the edge of the Alps ("ad *frontes* Alpium Juliarum"), some of which lie far apart. The high baroque tower (completed 1749) of the parish church of St Nicholas in Pfronten-Berg dominates the area at the foot of the Falkenstein on which the ruins of the castle of Falkenstein still stand, after 1290 the dwelling of the custodians of the bishopric of Augsburg to which the various parts of Pfronten belonged. A bizarre romantic replanning of the castle which Max Schultze was supposed to carry out for King Ludwig II of Bavaria never got further than the model.

Pfronten

Agglomération tout aussi réputée comme station climatique que comme station de sports d'hiver, dans la vallée de la Vils, Pfronten est en réalité constituée de treize petites localités au pied des Alpes («ad *frontes* Alpium Juliarum») parfois assez éloignées les unes des autres.

Au-dessus des différentes parties de l'agglomération s'élève la très haute tour baroque (terminée en 1749) de l'église paroissiale St. Nicolas à Pfronten-Berg, au pied du Falkenstein où se trouvent les ruines de Falkenstein. Ce château-fort fut, à partir de 1290, la résidence de l'administrateur de l'évêché d'Augsburg dont dépendait Pfronten. Un projet de reconstruction du château, d'un romantisme étrange, ne dépassa jamais le stade de la maquette.

Pfronten

Nota come stazione turistica sia d'estate che d'inverno Pfronten nella valle del Vils è costituita da tredici piccoli comuni ai piedi delle alpi («ad *frontes* alpium Juliarum») sparsi talvolta lontani uno dall'altro che si estendono su un territorio di 7 km di lunghezza e 4 di larghezza. Simbolo del comune denuclearizzato è l'altissma torre barocca (terminata nel 1749) della chiesa parrochiale St. Nikolaus a Pfronten-Berg ai piedi del Falkenstein con un castello la cui rovina ancora oggi ci ricorda che i paesi appartenevano fin dal 1290 alla Collegiata di Augusta. Una ricostruzione in chiave romantico-bizzara che Max Schultze concepí per il Re Ludwig II., non fu realizzata.

Am Weißensee

Zwischen Füssen und Nesselwang liegt der moorige Weißensee, etwa zweieinhalb Kilometer lang und siebenhundert Meter breit. Im Süden grenzt er an die Vorberge der Lechtaler Alpen, an seinem Nordrand öffnet sich die schwäbische Hügellandschaft mit ihren bewaldeten Höhen und sanften sonnigen Hügeln.

At Weißensee

Between Füssen and Nesselwang lies the marshy Weißensee, about two and a half kilometres long and seven hundred metres wide. To the south it skirts the foothills of the Lechtaler Alps, to the north it is open to the wooded heights and sunny slopes of the Swabian hills.

Au bord du Weißensee

Entre Füssen et Nesselwang, un lac marécageux, le Weißensee, s'étend sur deux kilomètres et demi de longueur et sept cents mètres de largeur. Au sud, il lèche le pied des contreforts des Alpes du Lechtal, sur sa rive nord s'ouvre le paysage ondulé de la Souabe avec ses hauteurs boisées et ses douces collines ensoleillées.

Sulle sponde del Weißensee

Tra Füssen e Nesselwang giace il paludoso laghetto Weißensee lungo circa due chilometri e mezzo e largo circa 700 metri. A sud attinge ai piedi delle prealpi del Lechtal, verso nord si sviluppa il paesaggio collinoso della Svevia con le miti alture boscose e con i pendii delle colline assolate.

141

Füssen, Kirche und ehemaliges Kloster St. Mang

Im römischen Staatshandbuch des späten 4. Jahrhunderts (Notitia dignitatum) ist Füssen als Foetibus genannt, weil es am Austritt der Via Claudia Augusta aus dem Gebirge in das Vorland liegt. Der heutige Ort entstand mit einer im 8. Jahrhundert von dem St. Gallener Missionar Magnus, einem irischen Mönch, erbauten Kapelle, die im 9. Jahrhundert zum Kloster St. Mang erweitert wurde. Zuerst von den Welfen, dann von den Staufern bevogtet, fiel Füssen 1313 als Pfandschaft an die Augsburger Bischöfe, bei denen es bis zur Säkularisation verblieb.

Kunsthistorisch besonders bedeutsam ist die frühromanische Krypta der Abteikirche des Klosters von St. Mang.

Füssen, church and former monastery of St Mang

In the Roman Imperial Manual of the late C4 (Notatia dignitatum) Füssen is called Foetibus, since it lies at the exit of the Via Claudia Augusta from the mountains into the foreland. The present town began with a chapel erected in the C8 by Magnus, an Irish monk who was a missionary from St Gallen, which was then extended in the C9 into the monastery of St Mang. At first kept in tutelage by the Guelphs then by the Staufers, Füssen was mortgaged as security to the bishops of Augsburg in 1313, in whose possession it remained until the Secularization. The early Romanesque crypt of the church of the monastery of St Mang is of particular interest to art historians.

Füssen, l'église et l'ancien monastère St. Mang

Dans les «Notitia dignitatum» de la fin du IVᵉ siècle, Füssen est mentionnée sous le nom de Foetibus car cette localité est située au point où la Via Claudia Augusta quitte les montagnes et entre dans le glacis préalpin. L'origine de l'agglomération est due à la construction d'une chapelle par un moine irlandais, le missionnaire Magnus de St Gallen, au VIIIᵉ siècle, chapelle qui, agrandie au IXᵉ siècle, donna naissance au monastère St. Mang. Dépendant d'abord des Welf, puis des Staufer, Füssen fut donnée en gage aux évêques d'Augsburg dont elle dépendit jusqu'à la sécularisation. L'histoire de l'art accorde une importance particulière à la crypte début du roman de l'abbatiale du monastère de St. Mang.

Füssen, Chiesa ed ex-convento St. Mang

Già nel manuale romano del tardo 4. secolo (Notitia dignitatum) Füssen viene citata col nome di «Foetibus», essendo situata lungo la Via Claudia Augusta che qui lascia le Alpi e si avvia nel paesaggio prealpino. Il paese sorse nel 8. secolo, fu fondato dal missionario irlandese Magnus di San Gallo che vi costruí una cappella che nel l'9. secolo fu ingrandita come monastero di St. Mang. Prima sotto i Guelfi poi sotto gli Staufen Füssen fu data nel 1313 come pegno ai vescovi d'Augusta, i quali la tennero fino alla secolarizzazione. Artisticamente è importante la cripta romanica dell'abbazia conventuale di St. Mang, dell'architetto d'Algovia, Johann Jakob Herkomer (1696-1717).

Schloß Hohenschwangau

Das bei Füssen zwischen dem Alp- und dem Schwansee 1833 als Sommersitz des Kronprinzen Maximilian, des späteren Königs Max II. von Bayern (ab 1848), im neugotischen Stil von Josef Daniel Ohlmüller und Georg Friedrich Ziebland nach Entwürfen von Domenico Quaglio erbaute Schloß Hohenschwangau wurde auf den Grundmauern der einstigen Stauferburg Schwanstein errichtet. Auf dieser hatte sich im Jahre 1267 der letzte Staufer, Konradin, vor seiner verhängnisvollen Reise nach Italien von seiner Mutter verabschiedet. Das Äußere des Schlosses beherrscht der wuchtige Palas; der Maler Moritz von Schwind hat zu einigen Bildern in Sälen des Schlosses die Entwürfe geliefert.

The Palace of Hohenschwangau

Between the Alpsee and the Schwansee lies Hohenschwangau, a castle built in the neo-Gothic style in 1833 by Joseph Daniel Ohlmüller and Georg Friedrich Ziebland after designs by Domenico Quaglio. It was erected on the foundations of the former Staufer castle of Schwanstein as a summer residence for the Crown Prince Maximilian, afterwards King Max II of Bavaria (from 1848). Here the last Staufer, Konradin, bade farewell to his mother before his ill-fated journey to Italy in 1267.
The exterior of the castle is dominated by the massive residential tract, but the romanticism of the C19 is reflected in the details. The painter Moritz von Schwind provided the drafts for several paintings in the halls of the castle.

Le château de Hohenschwangau

Le chateau de Hohenschwangau, édifice en style néogothique situé entre deux lacs, l'Alpsee et le Schwansee, a été construit en 1833, par Josef Daniel Ohlmüller et Georg Friedrich Ziebland d'après des esquisses de Domenico Quaglio, pour servir de résidence d'été au prince héritier Maximilien, le futur roi Max II de Bavière (à partir de 1848). Le château a été élevé sur les fondations de l'ancien burg Schwanstein, résidence des Staufer, où le dernier d'entre eux, Conradin, avait pris congé de sa mère en 1267 avant d'entreprendre son funeste voyage en Italie. De l'extérieur, l'élément dominant est bien le bloc massif du Palas. Quelques peintures ornant les salles du château ont été réalisées d'après des esquisses du peintre Moritz von Schwind.

Castello Hohenschwangau

Il castello Hohenschwangau, situato tra Alpsee e Schwansee presso Füssen, fu eretto nel 1833 come residenza estiva di Re Max II. di Baviera in stile neogotico dagli architetti Josef Daniel Ohlmüller e Georg Friedrich Ziebland secondo i piani di Domenico Quaglio; sorse sulle fondamenta della fortezza Schwanstein, un baluardo degli Staufen.
L'esterno del castello viene dominato dal dado massiccio del baluardo mentre nei dettagli sentiamo la sensibilità tipica del romanticismo borghese del 19. secolo. Moritz von Schwind fece gli schizzi per diversi quadri nelle sale del castello. Nel giardino del castello su una terrazza troviamo la fontana, eseguita dallo scultore Ludwig Schwanthaler.

Schloß Neuschwanstein

Im Jahre 1867 hatte König Ludwig II. von Bayern Versailles und die Wartburg besucht. Danach wollte er beide Vorbilder in eigenen Bauten, sein Versailles und seine Wartburg haben. Zum Bau der letzteren wurde eine der Schwangauer Ruinen, das ehemalige Vorderschwangau, abgetragen und ab 1868 unter den Baumeistern Eduard Riedel, Georg Dollmann und Julius Hofmann ein neuer Burgbau errichtet, zu dem der Theatermaler Christian Jank nach den Ideen des Königs die Pläne lieferte. Der Bau wurde als Neu-Hohenschwangau errichtet und blieb nach dem rätselhaften Tod des Märchenkönigs 1886 unvollendet. Der heutige Name Neuschwanstein kam erst ab 1890 auf.

The Palace of Neuschwanstein

In 1867 King Ludwig II of Bavaria visited Versailles and the Wartburg. Afterwards he wanted to have both ideals for himself, his own Versailles and his own Wartburg. In order to build the latter, one of the Schwangau ruins, the former Vorderschwangau, was pulled down and from 1868 onwards a new castle was built under Eduard Riedel, Georg Dollmann and Julius Hofmann to plans by the stage designer Christian Jank after the king's own ideas. The building was known as Neu-Hohenschwangau and remained unfinished after the mysterious death of the king in 1886. The name Neuschwanstein first came into use after 1890.

Le château de Neuschwanstein

En 1867, le roi Louis II de Bavière avait visité Versailles et la Wartburg. Ceci engendra son désir d'avoir son propre Versailles et sa propre Wartburg en faisant construire des châteaux d'après ces modèles. Ce dernier fut réalisé sur l'emplacement d'une des ruines de Schwangau, de l'ancienne Vorderschwangau qui fut rasée à cet effet et la construction du nouveau château fut dirigée par les architectes Eduard Riedel, Georg Dollmann et Julius Hofmann d'après des plans que le décorateur de théâtre Christian Jank avait faits sur des idées du roi. La construction reçut le nom de Neu-Hohenschwangau et resta inachevée après la mort mystérieuse (en 1886) de ce roi de contes de fées. Le nom actuel, Neuschwanstein, ne lui fut donné qu'à partir de 1890.

Castello Neuschwanstein

Nel 1867 Re Ludwig II. di Baviera aveva visitato Versailles e la Wartburg. Non potendoli avere, si rifece su dei modelli – per il secondo usò una dalle rovine della regione di Schwangau. Sulle fondamenta distrutte di Vorderschwangau fece erigere dal 1868 in poi da Eduard Riedel, Georg Dollmann e Julius Hofmann su progetti del pittore e scenografo Christian Jank il nuovo castello. Col nome di Hohenschwangau la fabbrica dopo la morte misteriosa del Re nel 1886 rimase incompiuta. L'odierno nome di Neuschwanstein fu introdotto appena nel 1890.